# Der verrückte Liebhaber, eine Tragikomödie

## Die Werke von Francis Beaumont und John Fletcher (3 von 10)

Francis Beaumont, John Fletcher

Writat

Diese Ausgabe erschien im Jahr 2023

ISBN: 9789358812015

Herausgegeben von
Writat
E-Mail: info@writat.com

# EINE
# TRAGI-KOMÖDIE.

## Im Stück dargestellte Personen.

Astorax , *König von* Paphos .
Memnon, *der General und der verrückte Liebhaber* .
Polydor, *Bruder von* Memnon, *geliebt von* Calis .
Eumenes , } *zwei bedeutende Souldiers* .
Polybius,
Chilax , *ein alter fröhlicher Souldier* .
Syphax , *ein Souldier, der in die Prinzessin verliebt ist* .
Stremon , *ein Souldier, der singen kann* .
Demagoras , *Diener des Generals* .
*Chirurgion* .
*Narr* .
*Seite* .
*Höflinge* .

### FRAUEN.

Calis , *Schwester des Königs und Mistris von* Memnon.
Reinigen *Schwester zu* Syphax .
Lucippe , *eine der Prinzessinnenfrauen* .
*Priester der* Venus, *ein alter Trottel* .
*Eine Nonne.*
Cloe, *ein Lagergepäck* .

## Die Szene Paphos .

### Die Hauptdarsteller waren:

*Richard Burbadge* .
*Robert Benfeild* .
*Nathanael Feild* .
*Henry Condel* .
*John Lowin* .
*William Eglestone* .
*Richard Sharpe.*

# Actus primus. Scena prima.

*Blühen. Betreten Sie* Astorax *King of*
 Paphos , *seine Schwester* Calis , *Train und* Cleanthe ,
Lucippe *Gentlewomen, an einer Tür; beim anderen* Eumenes *ein Souldier* .

*Eume* . Gesundheit für meinen Souverän .

*König.* Eumenes , willkommen:
Willkommen in *Paphos* , Souldier , zu unserer Liebe
und dieser schönen Gesundheit, die ihr uns durch das Camp wünscht.
Möge sie sich zerstreuen und alle glücklich machen;
Wie funktioniert der General, der tapfere *Memnon* ,
und wie seine Kriege, *Eumenes* ?

*Eume* . Die Götter haben dir (Königlicher Herr) einen Seelenverwandten
gegeben . Es ist besser ,
nicht nach einer Gefahr zu suchen, die auf dem Weg des Krieges
anerkannter ist
, mehr Herr seiner Geschicke, Experte darin, sie zu führen ; indem er tapfer
handelte,
indem er alle seine Taten zum Sieg führte und dort das Glück sicher hielt.

*König.* O Souldier ,
Du sprichst wirklich wie ein Mann; ein Generalgeneral,
eine Seele wurde von einem Souldier empfangen .

*Eumen* . Zehn Schlachten
gegen den starken Usurpator *Diokles*
(den durch lange Erfahrung einen Anführer hervorgebracht hatte, dessen
Ehrgeiz zu mächtig war) hat dein Memnon *gewonnen*
und glorreich gewonnen, ihn beunruhigt und erschüttert,
sogar von der Spitze all seiner Hoffnungen zunichte gemacht: In drei Er
schlug den Donnerschlag seines Bruders,
zwang ihn, sich einzumauern: Dort war er nicht sicher,
erschütterte ihn mit kriegerischen Kräften wie ein Erdbeben,
bis er wie eine Schnecke sein Schneckenhaus verließ und durch die Nacht
und schreckliche Dunkelheit kroch
Zerstörung:
Entwaffnet für immer mehr: Zwölf Burgen,
manche hielten sie für uneinnehmbar; Städte doppelt so viele;
Länder, die wie der Wind keinen Befehl kannten, außer wilder Wildheit, hat
dieser General, mit dem Verlust von Blut und Jugend, durch Stürme und

Stürme
zu deinem gerechten Gehorsam

gerufen . *König.* O mein Souldier
Dass du jetzt in meinen Armen warst; was trommelt { *Trommeln*
*drin.*
Sind es diejenigen, die *Eumenes besiegt haben* ?

*Eumen .* Sein, mein Souverän ;
Er selbst ist der Anführer der Eroberung, der nach Hause zieht,
ein alter Mann, der nun seine Herrlichkeit opfert und endlose Eroberungen
an deinem Schrein erfährt.

*König.* Gehen Sie alle
und unterhalten Sie ihn mit allen Zeremonien .
Wir werden ihn jetzt als Höfling behalten.

*Eumen .* Herr, ein seltsamer Mensch.
Bitte Gott, dass seine Sprache es erträgt; Bei meinem Leben, mein Herr,
kennt er weder Ergänzungen noch neugierige Worte an passende Orte, wo
er sie ausspricht . Er
kann gut sagen: „Kämpft gut, Kerl, und ich werde dir danken:
Wer essen muss, muss kämpfen; Machen Sie dort die Nachhut
oder stürmen Sie den Flügel des Pferdes nach Hause. [ *Gedeihen.*

*König.* Geh auch, geh auch.

*Es treten* Memnon *und ein Zug Höflinge und Souldiers , zwei Kapitäne und* Chilax
auf .

Tapfer und weise sind Zwillinge, Sir: Willkommen , willkommen ,
willkommen mein glücklicher und berühmter General,
hoch in der Gunst deines Prinzen , wie an Ruhm,
willkommen im Frieden und in *Paphos* .

*Mem.* Ich danke Deiner Gnade,
und wünschte Gott, meine stumpfe Zunge hätte die Süße, Dir so zu
danken, wie ich sollte; aber verzeihen Sie mir, mein Schwert und ich reden
grob, Sir: Ihre Schlachten, ich wage wohl zu sagen, ich habe gut gekämpft;
Denn ich bringe euch das träge Ende, das ihr euch so sehr nach Frieden
sehnt,
dass es keinen Krieg mehr gibt. Wer jetzt denkt, dass diese früher oder
sicherer hätten beendet werden können, der fängt damit an wenn er es noch
einmal wagt; Ich werde ihm danken.

Souldier und Souldiers paaren sich diese fünfundzwanzig Jahre.
Endlich Euer General (als einer, dessen Verdienste Durst nicht geringer
ansieht), durch den ich gewatet bin.
Gefahren würden diese sanften Seelen dämpfen, wenn sie nichts davon
hören würden.
Hier hängen die Jungfrauen von tausend Leben, Herr, seit dieser Zeit,
Prinz, kenne ich keinen Hof außer dem Marschall, keine Oylie- Sprache,
sondern den Schock der Waffen,
keine Affäre außer mit dem Tod; Keine hohen Maßnahmen, aber
ermüdende und traurige Märsche, Kälte und Hunger,
Larums um Mitternacht , bei denen Tapferkeit zittern würde,
doch ich bin nie geschrumpft: Kugeln aus verzehrendem Lauffeuer,
die Menschen wie Blitze auflecken, über die ich gelacht habe ,
und sie zurückgebracht habe wieder wie Kleinigkeiten für Kinder .
Auf den Schneiden der Schwerter meiner Feinde bin ich wie Wirbelstürme
marschiert , Wut auf diese Hand wartend,
Tod zu meiner Rechten; Glück, meine verlorene Hoffnung, wenn ich mich
mit der Zerstörung
auseinandergesetzt und mit blassem Gesicht gezerrt habe Ruine , Nacht
und Unfug,
Angst vor dem Anbruch eines neuen Tages ;
Und überall, wo ich siegte ; Und für Sie, Sir,
Mütter haben sich Gebärmutter gewünscht, um mich berühmt zu machen,
und übertriebenen Ehrgeiz, Gefahren; Diejenigen, die euch betrübt haben ,
habe ich für
die Erde
in Ordnung gebracht : diese Narren , die im Jenseits

*König sein werden.* Keine Kriege mehr, mein Souldier : { *K. nimmt* Mem. *beiseite
und redet mit ihm.*
Wir müssen jetzt über den Frieden verhandeln, Sir.

*Sauber.* Wie er redet,
wie herrlich.

*Kal.* Ein gut gebauter Bursche,
zweifellos Valiant.

*Cle.* Wenn Tapferkeit in der Prahlerei liegt;
In was für einer Phrase spricht er, als ob seine Taten in nichts als einem
Lärm zum Ausdruck kommen könnten; Sicherlich ist er wie eine Trommel
in seinem Mund.

*Kal.* Ich frage mich,
wie er mit uns sprechen würde.

*Sauber.* Nichts als Larum.
Sage uns, wem er die Kehle durchgeschnitten hat, zeige uns sein Schwert
und segne es mit Sicherheit für den Biss.

*Lucippe* . Und nicht wie Euer Gnaden,
ich glaube nicht, dass er uns kennt, was wir sind, oder zu welchem Zweck;
denn ich habe gehört, wie seine Anhänger bestätigen, dass er noch nie eine
Frau gesehen hat, die die Frau von A Sutlers übertroffen hat, oder den
alten, bettlägerigen Beldames ohne Zähne oder Zungen,
der seiner Wut nicht entfliehen konnte ? wie er aussieht.

*Klar* . Hier entlang mit Andacht.

*Kal.* Sicher, Seine Lordschaft besichtigt
unsere Befestigungen.

*Lucip* . Wenn er auf mich losreitet ,
kann es passieren, dass ich seine Batterie ersticke.

*Kal.* Sein Auge
bleibt still. Bleibt in dieser Richtung: *Venus* schenke ihm seine Tapferkeit.
Sei nicht verliebt.

*Sauber.* Wenn er es ist, erwarten Sie sofort
einen Herold und eine Posaune, die Sie bitten werden, etwas zu leisten. Wir
zwei Perdus bezahlen für nichts anderes.

*König.* Ich werde Sie meiner Schwester und diesen Damen überlassen
, um Ihren Empfang noch angenehmer zu gestalten: meine gute Seele.
Wir müssen jetzt Ihre Strenge in Werbung umwandeln. Wenn Sie dort fertig
sind, zu Ihrer schönen Ruhe, Sir: [ *Gedeihen Sie.*
Ich weiß, dass du es brauchst *Memnon* ; Willkommen, meine Herren. [
König

*verlassen* . *Luci.* Jetzt beginnt er zu marschieren: Madam the Van gehört
Ihnen,
halten Sie Ihren Boden sicher; Das ist für deine Sporen .

*Mem.* O *Venus* . { *Er kniet erstaunt nieder und*
*vergisst zu sprechen.*

*Kal.* Wie er mich anstarrt.

*Sauber.* Schlagen Sie ihn zum Ritter, meine Dame, schlagen Sie ihn zum Ritter, sonst
wird er zu Boden wachsen.

*Eumenes.* Sprechen Sie, Sir, es ist die Prinzessin.

*1 Kappe.* Du beschämst dich selbst , sprich mit ihr.

*Kal.* Stehen Sie auf und sprechen Sie, Sir.
Sie sind herzlich willkommen am Hof, bei mir, bei allen, Sir.

*Lucip .* Ist er nicht taub?

*Kal.* Dem Herrn geht es nicht gut.

*Eumen .* Pfui, edler General.

*Lucip .* Gib ihm frische Luft, seine Farbe geht, wie geht es dir?
Die Prinzessin wird sich freuen, Sir.

*Mem.* Friede und erhöre mich.

*Sauber.* Befehlen Sie dort Stille.

*Mem.* Ich liebe dich , Lady.

*Kal.* Ich danke Ihrer Lordschaft herzlich: Fahren Sie fort, Sir.

*Lucip .* Gott, wie es in unserem Magen stecken blieb wie eine Übersättigung.

*Sauber.* Es bricht jetzt schnell aus ihm heraus, Gott sei Dank,
was für ein Mann mit guten Worten er ist.

*Lucip .* Eine Auserwählte, von einzigartiger Vielfalt in der Beförderung.

*Sauber.* Ja , und ich garantiere Ihnen, dass er seine Distanz kennt.

*Mem.* Von ganzem Herzen liebe ich dich.

*Kal.* Ein herzlicher Gentleman,

und ich war selbst ein arrangiertes Biest, mein Herr,
aber ich habe dich wieder

geliebt . *Mem.* Gute Dame, küss mich.

*Sauber.* Ich heirate, *Mars* , da bist du ganz nah bei ihr.

*Kal.* Dich zuerst küssen, mein Herr? Das ist keine faire Mode.
Unsere Lippen sind wie Rosenknospen, die vom Atem
der Menschen geblasen werden. Sie verlieren sowohl Saft als auch
Geschmack . Da ist meine Hand, Sir.

*Eumen .* Pfui, Pfui, mein Herr, das ist zu unhöflich.

*Mem.* Lass mich los,
verzehre mich, wenn ich ihr wehtue; Gute, süße Dame. Lass mich dich nur
ansehen.

*Kal.* Damhirschkuh.

*Mem.* Doch –

*Cal.* Nun, Sir,
behalten Sie Ihre volle Sicht.

*Lucip .* Segne deine Augen, Sir.

*Kal.* Barmherzigkeit,
ist das der Mann, von dem sie als Souldier sprachen , so absolut und
ausgezeichnet? O ihr Götter, wenn ich mich der
Eitelkeit
hingeben würde, aus Unwissenheit Spaß mit Männern zu machen, was für
ein höchst kostbares Objekt hätte ich gekauft !
Sprechen Sie für ihn, meine Herren: Jemand, der weiß, woran der Mann
leidet; und kann Sinn sagen.

*Sauber.* Sicher, meine Dame,
dieser Kerl war ein seltener Hasensucher. Sehen Sie, wie seine Augen
gerichtet sind.

*Kal.* Jemand Geh mit mir,
ich schicke ihm etwas für seinen Kopf, armer Herr,
er hat Probleme mit den Schwankungen.

*Lucip*. Halte ihn im Dunkeln,
sonst wird er March verrückt machen, und die Dämpfe von Battels steigen
in sein Gehirn auf.

*Sauber*. Klatschen Sie auf seine Füße.
Ein altes Trommelfell, um den Donner nach unten zu ziehen.

*Kal*. Schauen Sie auf ihn, meine Herren: Lebe wohl , Herr, es tut mir leid
. Wir können uns zu diesem Zeitpunkt nicht küssen, aber glauben Sie es .
Wir werden eine Stunde für alle finden: Gott bewahre meine Kinder,
dass sie nicht so süße Seelenmenschen sind ; Sanfte Mädchen,
Damit wir seinen Traum nicht stören. [ *Ausgehen* Calis *und* Damen.

*Eumen* . Warum das monströs ist.

*1 Kapitän*. Eine seltsame Vergesslichkeit, und doch hält er daran fest.

*2 Kapitän* Obwohl er vor diesem Tag noch nie eine Frau von großer Mode
gesehen hat , hält er es doch für möglich. Er könnte sich vorstellen, was sie
sind und was
ihnen gehört : bloßer Bericht von anderen.

*Eumen* . Pish, sein Kopf hatte noch andere Launen : Mein Herr,
Tod, ich glaube, du bist sprachlos; mein lieber Herr General.

*1 Kapitän* Sir.

*Mem*. Dass ich Sie wirklich liebe, meine Dame; Und so liebe ich dich
und mag deine Gnade

nicht . *2 Kapitän* Er hat diese Rede studiert.

*Eumen* . Mit wem sprechen Sie, Sir?

*Mem*. Warum wo ist die Dame,
die Frau, die schöne Frau?

*1 Kapitän* Wer?

*Mem*. Die Prinzessin,
gib mir die Prinzessin.

*Eumen* . Gib dir lieber den Rat,
sie wie eine Prinzessin zu benutzen: Fy , mein Herr, wie bist
du geboren , wie nackt hast du deine Seele
offengelegt und deine Unwissenheit zum Spaß für alle gemacht ? Berichten
und ehren Sie sie, um Ihnen
einen Gefallen zu tun , und zwar unverblümt,
ohne darüber nachzudenken, was oder wer sie war,
ohne Vernunft oder Auszeichnung zu sammeln.

*Mem.* Warum, was habe ich in meinem Master gemacht?

*Eumen* . All das zeigt
einen unansehnlichen , unverdauten Teig.

*Mem.* Habe ich nicht vor ihr gekniet?

*Eumen* . Dumm und sinnlos , als wärst du für
das Grab deines
Vaters geschaffen worden oder hättest du ein Wahrzeichen angebracht; Als
sie zu dir sprach: Da sie die Vorzüglichkeit unserer ganzen Insel war,
starrtest du sie an, als hättest du ein Monster gesehen.

*Ich* [ *m* ]. War ich so dumm? Ich gestehe, *Eumenes* ,
ich habe noch nie zuvor einen so tapferen Außenstehenden gesehen. Aber
habe ich so lange gekniet?

*Eumen* . Bis sie über euch
lachen , und als ihr redet, schäme ich mich , euch zu sagen
, was mein Herr war; Wie weit ist es von der Ordnung entfernt? Gott segne
mich, ist es nicht möglich, dass der wilde Lärm des Krieges
und das, was sie nur lehrt, euch beherrschen soll? Wissen, mit ihr
umzugehen, und völlige Diskretion. In euch immer noch in
Überschwemmung sein: und in Frieden, und männliche Gespräche sanft
und bürgerlich, wo Anmut und Herrlichkeit sich vereinen,
dränge dich aus dem Exil?
Wissen Sie, Sir, welchen Status sie trägt? Welcher große Gehorsam wartet
ständig auf sie?

*Mem.* Ihr wurden nie hunderttausend Mann befohlen , wie ich es getan
habe, noch
hat sie eine Schlacht gewonnen; Sagen wir, ich hätte sie gekistet .

*Eumen* . Es gab auch ein köstliches Angebot, ein seltenes.

*Mem.* Warum ist sie doch eine Frau, nicht wahr?

*Eumen .* Sie ist so.

*Mem.* Ja, sehr gut; wofür wurde sie denn gemacht?
Ist sie nicht jung und hübsch, gezüchtet , um sich fortzupflanzen?
Küssen Männer nicht schöne Frauen? wenn sie es tun ,
wenn die Lippen keine ungesetzliche Ware sind; Warum eine Prinzessin
genauso erwischt wird wie wir einen Bettler.
Oder ich bin verarscht ; Und auf die gleiche Weise
muss mit ihr umgegangen werden, bevor sie eine andere bekommt .
Das ist Unhöflichkeit, nicht wahr?

*2 Kapitän.* Für sie ist das so und Unhöflichkeit in diesem hohen Maße –

*Mem.* Das ist der Grund,
aber ich werde pünktlicher sein; bete, was dachte sie?

*Eum .* Ihre Gedanken waren barmherzig, aber sie lachte über dich,
aus Mitleid mit der Dürftigkeit deiner Ergänzung, und so verließ sie dich .
Guter Herr, gestalten Sie sich selbst
, um den Ort und die edlen Personen zu verstehen, mit denen Sie jetzt
leben.

*1 Hauptmann.* Lasst die großen Wüsten, die
der König euch und dem Volk auferlegt hat, nicht mit böser Haltung
bestraft werden.

*Eume .* Der ganze Name Souldier wird dann darunter leiden.

*Mem.* Sie ist süß,
und meine Herren, verlassen Sie Ihre Ermahnungen. Sie kommen zu früh
zu mir, ich habe ein Gehirn, das über Ihre Grenzen hinausschlägt: Sie ist
eine Prinzessin, das ist alles: Ich habe einen König getötet, das ist größer.
Kommen Sie, lasst uns zum Abendessen gehen, wenn der Wein Sei gut, Du
wirst seltsame Weisheit in meinem Blut erkennen. [ *Exeunt alle außer* Chilax .

*Kind .* Nun, wärst du wieder in den Kriegen,
alter *Memnon* , da würdest du über das Ziel reden , und der
stolzeste aller dieser Hofkamelionen würde
sich auch freuen, wenn es Sinn fände: ein Zeichen dieses
toten Friedens, dieses Bastards Zucht, Kleiner , fauler Müßiggang,

Jetzt müssen wir lernen, zu pfeifen und unseren Lebensunterhalt aus alten,
faulen Enden herauszuholen: Diese fünfundzwanzig Jahre habe ich meinem
Land gedient , meine Jugend und mein Blut verloren ,
mein Leben mehr als Tage den Gefahren ausgesetzt ;
Doch lass mich meine Wünsche sagen, ich kenne ihre Antworten. Der
König wird mich zwangsläufig rechtfertigen, die guten Menschen haben nur
von der Hand in den Mund. Schauen Sie auf Ihre Frauen, Ihre jungen,
gepflegten Frauen, Ihre
High-Day-Frauen, Ihre Marschpanzer ,
denn wenn die Souldiers finden keine Belohnung,
Noch gibt es kein Schlüpfen; Ich glaube
, ihr Männer der Warenwirtschaft, die Männer des Krieges werden euch
klauen,
denn sie dürfen weder verhungern noch betteln; meine kleinen Mittel sind
*in Rauch aufgegangen* : hier, um ein besseres zu erziehen,
es sei denn, es sei durch Lügen oder Hundeschmeicheln, bei denen unsere
Nation ausgezeichnet ist; Das Beobachten von Hundetagen, an denen diese
gute Dame broyles und von diesem guten Herrn begossen werden würde ,
oder ähnliches wie moralische Lehren, ist hier unmöglich;
Also; Ich werde mich unter ihnen reiben. Wenn
irgendetwas für Ehrlichkeit zu bekommen ist,
wenn auch nur Brot und Käse, kann ich zufrieden sein:
Wenn sonst der Wind weht, so steif ich auch bin, werde ich doch lernen zu
schlurfen: Da ist ein altes Mädchen, das namenlos bleiben soll Noch am
Leben, meine letzte Hoffnung, hat mir oft die Tasche voller Kronen
beschert. Wenn alles scheitert – Jack-Dawes, bist du noch am Leben? Dann
sehe ich die Küste klar, wenn Narren und Jungen gedeihen können .

*Es treten* Fool *und* Page auf.

*Seite.* Tapferer Leutnant.

*Narr.* Gegrüßet seist du dem Mann der Anbetung.

*Chi.* Es geht Ihnen gut, meine Herren.
Die meisten bestehen in allen Punkten gut.

*Narr.* Wie Sie sehen, Sir,
einheimisch und gutaussehend, wir schneiden unsere Kleider nicht aus, Sir,
mit halbem Schwert wie Ihre Taylors-Hirschkuh, und stecken sie mit
Pikes und Partisanen , wir leben zurückgezogen, Sir
Gentlemen, und neidisch auf unsere Ehren .

*Chi.* Sehr feiner Narr und feiner Junge, der Frieden spielt mit dir,

wie der Wind mit Federn
spielt , tanzt ihr, ihr mahlt mit allen Böen, Galanten.

*Seite.* Wir können hüpfen, Sir,
wenn Ihre Soldaten die Schinken beugen und auch herumtollen.

*Narr. Wenn zwanzig* deiner Mäntel ihre Spitzen umdrehen
und deine kalten Sallets ohne Salz oder Essig
in deinen Mägen wackeln ; Hanf und Nägel
werden jetzt keinen Preis mehr tragen, Vorhänge und alte Geschirre wollen
uns überrennen.

*Pa.* Huren und heiße Häuser.

*Narr.* Chirurgen und Spritzen läuten Ihre Sance -Glocken.

*Seite.* Euer Jubiläum , Euer Jubiläum .

*Narr. Prob Deum.*
Wie unser St. *Georges* die Drachen bezwingen wird,
die roten und ramponierenden Drachen.

*Seite.* Advanc't Narr —

*Narr.* Aber dann sticht mir der Schwanz, Junge.

*Seite. Tanto Melior .*
Denn je mehr Gefahr, desto mehr Ehre .

*Chi.* Sie sind mit unserem Beruf Gent sehr zufrieden.
Die diesen feurigen Schlangen sehr ähnlich
sind und auf einen Blindwurm deines Blutes, eine Mutter oder eine
Schwester stoßen können .

*Narr.* Meins ist der letzte Sattel,
sonst solltest du dir dessen sicher sein: aber sag Sir *Huon* , jetzt
stimmen die Trommeln und die Stöcke werden zu Bettdauben,
alle alten Füchse jagen in ihre Löcher, das Eisenzeitalter kehrt nach *Erebus
zurück* ,
Und *Honorificabilitudinitatibus*
stoße mit Kopf und Schultern
aus dem Königreich hinaus. Welchem Beruf gedenkst du nachzugehen?

*Chi.* Das ist eine Frage.

*Narr.* Ja , und eine gelehrte Frage, wenn Sie sie markieren:
Überlegen Sie und sagen Sie weiter.

*Chi.* So albern du auch bist, das ist der beste Handel, den ich annehme.

*Narr.* Nehmen Sie es klar,
denn fürchten Sie, dass Ihre Kameraden vor Ihnen stehen, horchen Sie,
Lieutenant.
Dummkopf ist das Ding, das Ding, das all deine Kämpfe wert ist .
Wenn alles erledigt ist, musst du Sir zum Narren halten.

*Chi.* Nun ja, dann muss ich.

*Narr.* Aber wissen Sie, was Narren ist? wahrer Narren,
die Umstände, die dazu gehören? Denn jeder müßige Schurke, der seine
Zähne
zeigt , leben will und will, jonglieren, stolpern, herumspielen kann, ein
Hundegesicht machen oder seinen Mitmenschen beschimpfen kann, ist
nicht auf den ersten Blick ein Narr; Sie werden Sir Strange in diesem
Gewerbe finden; Täuschen ist nichts, so wie Täuschung es war, aber auf
den fairen Weg zu täuschen, den neuen Weg, wie die besten Männer ihre
Freunde täuschen, denn alle Menschen kommen durch Täuschung, bloße
Täuschung,
Desert tut nichts, tapfer, weise, ehrgeizig ,
sind Dinge, die ohne Brot und Hosen vorbeigehen.

*Chi.* Das schreibe ich zum Teil zu.

*Narr.* Feiner Verstand, feiner Verstand, Sir.
Da ist der kleine Junge, auch er macht seine Sache gut. Er könnte in der
Abwesenheit seines Meisters nicht anders leben. Er bindet die
Strumpfbänder einer Lady so, so hübsch.
Sag, seine Hand rutscht, aber sag es.

*Chi.* Warum sollte man es dann verstreichen lassen?

*Narr.* Es ist zehn zu eins, nach dem der Körper streben soll,
und wer arbeitet, verdient seinen Lohn.

*Chi.* Das ist richtig.

*Narr.* Er rätselt fein vor einer wartenden Dame,
legt Träume dar wie ein Prophet, träumt auch selbst und wünscht, dass alle
Träume wahr werden; Sie rufen „Amen", und es gibt ein *Memorandum : Er
kann zu* frech genug singen, um alten Damen zu gefallen: Er lügt selten,
verpfändet euch
an allen Stellen, völlig, kann eine
Tasche stehlen, wenn ihr wollt, oder einen Sarg; lispelt, wenn er Listen auf,
um ein Zimmermädchen zu fangen, und ruft die Mutter seiner Gastgeberin
an, das sind jetzt Dinge,
wenn ein Mann leben will: kämpfen und prahlen,
mit schreienden Schaffellen um die Ohren geschlagen, für den Sommer in
die Seele geschnitten: hier ein Arm verloren, und da ist ein Bein; Sein
ehrenwertes Haupt war
wie ein Päckchen
mit Salben und Cere-Kleidung versiegelt und so in ein Krankenhaus
geschickt, dort stehen, dort angreifen, dort schwören, dort Hure, dort tot
sein, und dieser ganze Sport für Käse und Hundegeschirr -Fleisch,
und Geld , wenn sich zwei Mittwoche treffen, wo man
Lowzie sein kann, ist ein Gentleman,
und wer ein sauberes Hemd trägt, hat sein Leichentuch an.

*Chi.* Ich werde Ihr Gelehrter sein, wenn ich gerne spiele.

*Narr.* Du kannst nicht anders, als es zu mögen, dich eines Tages zu
bekämpfen ,
ich werde einen anderen täuschen, wenn dein Chirurg bezahlt ist
und all deine Lecks aufgehört haben , schau, wessen Tropfen am
schwersten sind,
ich werde einen Schilling für eine Dose Wein haben,
wenn du es haben wirst zwei Sergeants für einen Counter.

*Junge.* Kommen Sie und lernen Sie uns kennen, Leutnant, legen Sie Ihr
Eisen auf,
wir finden coolere Kriege für Sie.

*Chi.* Komm, lass uns zusammenkommen,
ich werde deine Tricks sehen und wie sie mir gefallen.— [ *Ausgehen.*

Memnon, Eumenes *und die Hauptleute treten auf* .

*Mem.* Warum gab es damals im Lager nicht solche Frauen,
die bereit waren, mich mit ihnen bekannt zu machen ?

*Eum .* Das war kein Ort, Sir.

*1 Hauptmann.* Warum sollten sie in Unruhen leben? Sie sind Geschöpfe
von sanfter und nüchterner Natur.

*Mem.* Könnten Ihre Frauen,
Ihre Mütter oder Ihre Schwestern nicht zum Training

geschickt werden ?
*Eume .* Wir danken Ihrer Lordschaft.

*2 Kapitän.* Aber meinen Sie?

*Mem.* Ich meine.

*2 Kapitän* Was, Sir?

*Mem.* Um sie zu sehen
und dich zu sehen Auch wenn du mich erzürntest ,
und Tausende deiner Kehlen durchschnitten, gehst du von mir, du
schwatzst über deine Manieren, und füllst meinen Kopf mit billigen
Umständen , es ist besser,
keine Balladen zu haben , dein Höfling Anbeten,
wie ich meinen Hut abnehme, du, wie du mich verwandelst, und du
(fürwahr), mir diskret die Nase zu putzen; lass mich in Ruhe, denn ich
werde sie lieben, sie sehen, mit ihr reden und meinen eigenen Weg gehen.

*Eume .* Sie ist die Prinzessin.

*Mem.* Warum lass sie der Teufel sein, habe ich gesagt
, als der Donner es nicht wagte, mich aufzuhalten, ich muss lieben, ich
weiß, dass sie etwas war, das für mich aufbewahrt wurde.

*Eume .* Und ich weiß, Sir,
obwohl sie von Geburt an zu Ihnen gehörte, doch Ihr seltsames Verhalten
und Ihr Wunsch –

*Mem.* Du lügst .

*Eum .* Ich nicht.

*Mem.* Ha!

*Eume .* Ich lüge nicht, Sir,

ich sage, Sie wollen eine faire Sprache, aber das ist sicher. Sie können nicht „Guten Morgen" sagen.

*Mem.* Ihr Hundewelpen,
die stolzeste eurer plappernden Zungen –

*Eume*. Doe, töte uns,
töte uns, weil wir die Wahrheit sagen: Ich für meinen Teil, General, ich würde es nicht erleben, dass Männer ein Maispiel aus ihm machen. Ich habe einen Meister gemacht, töte uns schnell, dann kannst du –

Mem
. Was?

*Eume*. Tue, was du willst, ziehe kindisch dein Schwert
zu deinen Dienern, die dir bestimmt sagen werden: Ich bin meines Lebens müde.

*1 Kapitän* und ich.

*2 Kapitän* und alle Sir.

*Eume*. Geh zur Prinzessin, mache ihr Spaß, rufe ihr zu:
„Ich bin der glorreiche Kriegsmann."

*Mem.* Bete, dass du mich verlässt.
Es tut mir leid, dass ich wütend war. Ich werde besser nachdenken. Bete, keine Worte mehr.

*Eume*. Guter Herr.

*Mem.* Nein, dann.

*2 Kapitän.* Wir sind weg, Sir. [*Ausgehen* Eume . *und Kapitän.*

*Eingeben* Prinzessin Calis , Lucippe , Cleanthe .

*Cal.* Wie kam er hierher ? Seht um Himmels willen,
Mädels, welches Gesicht und welche Stellungen er einnimmt, { *Mem . geht voller seltsamer*
Gesten zur Seite.
Ich glaube nicht, dass er perfekt ist.

*Cle.* Wenn deine Liebe seinen kleinen Verstand
nicht verraten hat , geht es ihm gut genug,
so gut wird es ihm auch gehen.

*Kal.* Markieren Sie, wie er sinniert.

*Lucip .* H'as ein Batalia jetzt ins Gehirn, er zieht es heraus, jetzt
habt ihr Harpers.

*Cle.* Sehen Sie, sehen Sie, da versagt das Feuer.

*Lucip .* Schauen Sie, was für ein Alphabet von Gesichtern er durchläuft.

*Cle.* O Liebe, Liebe, wie verliebt siehst du aus
in einer alten rostigen Rüstung .

*Cle.* Ich werde weggehen, denn bei meiner Treue fürchte ich ihn.

*Lucip .* Fürchten Sie die Götter, meine Dame,
und kümmern Sie sich nicht darum, was der Mensch tun kann, dieser Kerl
mit all seinen Ängsten und seinen Furien, seinen Larums und seinen
Lanzen, Schwertern und Zielscheiben, nein, hüllen Sie ihn
noch in die Rüstung Cap-a-pe
Ich verpflichte mich, innerhalb von zwei Stunden, wenn er es wagt, ihn so
zu schütteln, seine Tapferkeit abzuschütteln und seine Unterschenkel zum
Aken zu bringen .

*Cle.* Aus Scham nicht mehr.

*Kal.* Er grübelt immer noch.

*Cle.* Der Teufel –
Warum sollte dieses alte , getrocknete Holz vom Donner

zerhackt werden – *Cal.* Altes Holz brennt am schnellsten.

*Lucip .* Sie würden sagen, meine Dame:
Geben Sie mir einen grünen Stock, der mich wärmen und mich auch kräftig
räuchern kann. Er dreht sich um und sieht dich. { *Memnon*
*kommt zu ihr .*

*Cle.* Es gibt jetzt kein Vermeiden mehr, haben Sie es geschafft.

*Mem.* Dame.
Je mehr ich auf dich schaue. [ *Bleibt sie.*

*Cle.* Umso mehr, Sir.

*Kal.* Lass ihn in Ruhe.

*Mem.* Ich wünsche mir Ihre Geduld.
Je mehr ich sage, ich schaue, desto mehr – [ *bleibt sie.*

*Lucip* . Mein Glück,
das passt sehr gut, Sir.

*Mem.* Frauen, lasst mein Glück
und mich in Ruhe. Ich wünsche euch, dass ihr hierher kommt und still da
steht , meine Dame.

*Kal.* Lassen Sie die Worte „Sir" weg und tauchen Sie ein in die Bedeutung.

*Mem.* Andererseits:
Ich sage dir, ich liebe dich.

*Kal.* Warum?

*Mem.* Keine Fragen: Beten Sie, keine Fragen mehr.
Ich liebe dich, unendlich: Warum lächelst du? Bin ich lächerlich?

*Kal.* Ich habe schreckliche Angst, nein, ich freue mich, dass du mich liebst.

*Mem.* Dann freue dich und sei stolz darauf , ich liebe dich.
Bleib stehen, beunruhige mich nicht, ihr Frauen. Er liebt dich, Dame, zu
deren Füßen Prinzen gekniet haben
, um um ihre Freiheit zu bitten, er, dessen Tapferkeit
ganze Königreiche überrannt hat .

*Kal.* Das lässt mich zweifeln, Sir,
„Twill mich auch überrennen."

*Mem.* Er, dessen Schwert.

*Cle.* Reden Sie nicht so groß, Sir, Sie werden die Prinzessin erschrecken.

*Mem.* Ha.

*Lucippe* . Keine Gewissheit.

*Kal.* Ich weiß, dass du Wunder vollbracht hast.

*Mem.* Ich habe und werde mehr und Größeres tun, mutiger;
Und für Ihre Schönheitswunder geben Sie diesem Königreich einen Namen
und treffen Sie Ihre Wahl.

*Cal.* Sir, ich bin nicht ehrgeizig.

*Mem.* Ihr werdet es sein, es ist das Kind der Herrlichkeit: Sie, die ich liebe,
die meine Wünsche vergrößern werden , Zeitgeschichten
und alle Reiche der Erde.

*Cle.* Ich würde ihn gerne fragen –

*Lucip* . Bitte sei still, sonst wird er uns beide schlagen.

*Cle.* Was werden Sie dann aus mir machen, Sir?

*Mem.* Ich werde dich dazu bringen,
still zu stehen und zu schweigen; Ich habe ein Herz, Lady.

*Kal.* Du warst sonst ein Monster.

*Mem.* Ein liebendes Herz,
ein wirklich liebendes Herz.

*Kal.* Ach, wie kam es dazu?

*Mem.* Ich wünschte, du hättest es in deiner Hand, süße Dame,
um die Wahrheit zu sehen, die es dir trägt.

*Cal.* Gibst du es?

*Lucip* . Das war gut durchdacht.

*Cle.* 'Twill brachte ihn zu't Wench.

*Cal.* Und Sie werden sehen, dass ich es wage, es anzunehmen, Herr.
Nehmen Sie es in die Hand und sehen Sie es sich an: Wenn ich es
als ein liebevolles und süßes Herz empfinde, wie Sie es nennen, bin ich

gebunden, das bin ich.

*Mem.* Nicht mehr, ich werde es euch schicken.
Da ich Ehre in mir habe, sollt ihr es haben.

*Cle.* Schön gemacht, Sir, und auf jeden Fall
parfümiert . Das Wetter ist warm, Sir.

*Mem.* Unter allen Umständen.

*Lucip* . Eine höchst merkwürdig gearbeitete Serviette.

*Mem.* Göttlich.

*Cle.* Geben Sie einen Kelch aus reinem Gold hinein.

*Mem.* Ja in *Jacinth* , *damit sie*
den Geist durchschauen

kann . *Lucip* . Ihr habt ihn
geschmiert , weil er in Eile wieder Liebe kaut.

*Cle.* Wenn er es tun sollte.

*Kal.* Wenn der Himmel fallen sollte , würden wir Lerchen haben; er macht
es!

*Cle.* Sehen Sie, wie er darüber denkt .

*Kal. Er wird denken, dass* er diese drei Jahre nicht
beweisen kann , dass er so ein Arsch ist. Mir gefällt sein Angebot nicht.
Es gab keine andere Möglichkeit, ihn abzuschrecken.

*Mem.* Ich werde es tun –
Lady, erwarte mein Herz.

*Kal.* Das tue ich, Sir.

*Mem.* Ich liebe es, denn es ist ein Herz, das – und so verlasse ich euch. [
*Exit* Mem.

*Cle.* Entweder ist er völlig verrückt,
oder ich denke, er meint es ernst.

*Cal.* Er muss völlig verrückt sein
, sonst wird er es niemals tun. Es ist eitler Ruhm
und mangelndes Urteilsvermögen, das dies in ihm hervorruft. Schlaf und
Gesellschaft heilt alles: sein Herz?
Nein, nein, guter Herr, da gehört noch mehr dazu ,
Herzen sind teurer, lasst uns hineingehen
und ihn dort etwas genauer untersuchen. Schließe alle Türen hinter dir, aus
Angst, dass er dir folgt .
Ich hoffe, ich habe einen Liebhaber verloren, und das tue ich auch Ich bin
froh, dass es nicht so ist . [ *Bsp.* Dame.

---

## Actus Secundus . Scena Prima.

Memnon *tritt allein auf.*

*Mem.* Es ist nur Färben, Hunde tun es, Enten mit Streicheln ,
Vögel singen ihre Seelen und Babys schlafen sie .
Warum spreche ich von dreifacher Aussicht? Denn in der anderen Welt
muss sie mich haben; ihren Fürsten Das Wort ist vorbei: Auch meine große
Wüste wird sie bald nachkommen lassen. Es ist Gerechtigkeit, und die
Götter müssen dafür sorgen, dass sie auch geschieht. Außerdem kann uns
kein Bruder, kein Vater, kein Verwandter daran hindern, auch alle Sprachen
sind gleich. Dort ist die Liebe ewig , immer jung, frei von Krankheiten,
Alter, Eifersüchteleien, Bawds, Beldames, Maler, Purgers : Farbstoff? Es ist
nichts,
Männer ertränken sich vor Freude, um Juleps zu schöpfen, wenn sie heiß
vom Wein sind: In Träumen tun wir es. Und so manche hübsche Frau, die
den Sport sehr liebt, gibt ihre Seele so in den
Busen ihrer Liebhaber auf ;
Aber ich muss zuerst eingeschnitten , geschnitten und geöffnet werden ,
mein Herz, und schön, von mir genommen werden ; Bleib dort,
einmal tot, bleib, lass mich noch einmal nachdenken, wen kenne ich dort?
Denn sonst ungeduldig auf und ab zu wandern
und unbeachtet an meinem Platz und meinem Projekt,
ist für eine Sowters- Seele, nicht für einen alten Souldiers .
Meine tapferen alten Regimenter – ich weiß es, die vor mir getötet wurden,
richtig. –

*Eingeben* Chilax .

*Kind .* Er ist hier und ich muss ihn belästigen.

*Mem.* Dann diejenigen, die ich erobert habe
, um meinen Zug voll zu machen.

*Chi.* Herr.

*Mem.* Meine Kapitäne dann –

*Chi.* Sir, ich flehe Sie an.

*Mem.* Denn um sie dort zu treffen, muss
für eine Prinzessin und die einzige Schwester des Königs
gesorgt werden, und es muss für eine tolle Unterkunft gesorgt werden.

*Chi.* Wiegen aber die Armut der

Souldiers . *Mem.* Meine eigene Truppe zuerst,
denn sie werden sterben.

*Chi.* Wie, was ist das?

*Mem.* Als nächstes

– *Chi.* Soll ich lauter sprechen, Sir?

*Mem.* Ein quadratisches Battalia –

*Chi.* Du denkst nicht an uns.

*Mem.* Ihre Rüstungen vergoldet –

*Chi.* Guter edler Herr.

*Mem.* Und rundherum
werden solche Motoren die Hölle zum Beben bringen.

*Chi.* Ihr verspottet mich nicht.

*Mem.* Denn, Herr,
ich werde stark und mutig sein –

*Chi.* Denken Sie vielleicht darüber nach:
Sie wissen, dass wir Ihnen lange genug

gedient haben. *Mem.* Kein Souldier
, der jemals auf dem gesegneten *Elyzium gelandet ist*
, ist marschiert oder wird marschieren, so wie ich es will.

*Chi.* Würden Sie, Sir,
zum König marschieren und uns holen –

*Mem.* König und *Keiser*
werden mir in dieser Welt gleichkommen.

*Chi.* Was für ein Teufel quält ihn?

*Mem.* Als nächstes die seltenen Schönheiten der Städte, die ich gegründet
habe .

*Chi.* Ich spreche von Geld, Sir.

*Mem.* Zehntausend Trainer –

*Chi.* O Pfund, Sir, Pfund, ich flehe Euer Lordschaft an,
lasst die Kutschen aus Eurer Erinnerung verschwinden.

*Mem.* In dem die mutwilligen *Amoretten* und die
von den Westwinden angezogenen Gnaden Wünsche entfachen, und dann
unsere Dichter –

*Chi.* Dann unser Lohn.

*Mem.* Für *Chilax* , wenn der Triumph kommt; die Prinzessin
Dann, denn ich werde einen Himmel schaffen lassen –

*Chi.* Segne deine Lordschaft!
Bleiben Sie stehen, Sir.

*Mem.* Das tue ich, und darin –

*Chi.* Tod, Sir,
Sie reden, Sie wissen nicht was.

*Mem.* Solch seltene Geräte:
„Lass mich sagen, ein Himmel.“

*Chi.* Das sage ich auch, Sir.

*Mem.* Denn hier soll eine Konstellation stattfinden.

*Chi.* Und da ist eine verdammte Leitung.

*Mem.* Ha!

*Chi.* Mit Wein, Sir.

*Mem.* Da ist eine Sonne in ihrer Höhe, da so ein Planet .

*Chi.* Aber wo ist unser Geld, wohin läuft das?

*Mem.* Ha?

*Chi.* Geld,
Geld ist nicht wie Euer Lordschaft.

*Mem.* Warum soll die ganze Kutsche zurückkommen, das Zeug,
reiche Vorhänge, Schätze; oder sagen wir, wir haben keine.

*Chi.* Ich kann es wahrhaftig sagen:
Denn häng mich auf, wenn ich einen Groat habe: Ich habe gute
Dienste geleistet , und wie ein ehrlicher Mann: Ich sehe keinen Grund —

*Mem.* Du musst unbedingt sterben , guter *Chilax* .

*Chi.* Sehr gut, Sir.

*Mem.* Ich werde ehrliche, tapfere Seelen um mich haben,
ich kann dich nicht vermissen.

*Chi.* Farbstoff?

*Mem.* Ja, sterben, und *Pelius* ,
*Eumenes* und *Polybios* : Ich werde
in diesen zwei Stunden an mehr denken.

*Chi.* Farbstoff, Sir?

*Mem.* Ich, Herr,
und ihr werdet färben.

*Chi.* Wann, flehe ich Eure Lordschaft an?

*Mem.* Morgen werdet ihr zusehen, wie ihr färbt.

*C [ h ] i* . Eine kurze Warnung,
Troth, Sir, ich bin schlecht vorbereitet .

*Mem.* Dann
färbe ich mich selbst . Außerdem gibt es einen Grund –

*Chi.* Oh!

*Mem.* Ich bitte dich, sag es mir,
denn du bist ein großer Träumer.

*Chi.* Ich kann träumen, Sir,
wenn ich gut esse und gut schlafe.

*Mem. Wurde es* dir

nie
durch einen Traum oder eine Erscheinung eröffnet *? Chi.* Er ist verrückt.

*Mem.* Was war die andere Welt oder *Elyzium* ?
Bist du nie im Schlaf gereist?

*Chi.* Zu Tavernen,
wenn ich nachts betrunken war ; oder zu einer Frau:
Da ist ein *Elyzium* für dich, eine junge Dame, die sich wie eine Schlange um dich
wickelt : Ist es das?
Oder wenn dieses seltsame *Elyzium* , von dem du sprichst
, dort ist, wo der Teufel ist, von dem ich
nicht geträumt habe, und dass ich ihn bei den Hörnern gepackt und ihn
befreit habe, dann zieht er den Dolch aus der Scheide .

*Mem. Elyzium* ,
Der gesegnete Feldmann.

*Chi.* Ich kenne keine gesegneten Felder, außer denen, die ich gewonnen
habe .
Ich habe geträumt, dass ich auch im Himmel war.

*Mem.* Dort, kümmere dich um diesen Ort; das ist *Elyzium* .

*Chi.* Mutiges Singen und mutiges Tanzen
und seltene Dinge.

*Mem.* Alles voller Blumen.

*Chi.* Und Topfkräuter.

*Mem.* Lauben für Verliebte
und ewige Freuden.

*Chi.* Ich habe bisher nicht geschlafen.

*Mem. Treffen Sie mich* in etwa zwei Tagen

an diesen Ufern .
*Chi.* Im Traum, Sir?

*Mem.* Nein im Tod, Sir.
Und dort sammle ich alle und bezahle den Souldier .
Weg, nicht mehr, nicht mehr.

*Chi.* Gott schütze deine Lordschaft:
Das ist gutes Tanzen für uns.

*Eingeben* Siphax .

*Si.* Wo ist der General?

*Chi.* Da ist das alte Zeichen von *Memnon* , wo die Seele ist.
Du kannst genauso hinschauen wie ich.

*Si.* Was ist los?

*Chi.* Warum ihn befragen und sehen? Er spricht von Teufeln,
Höllen, Himmeln, Fürsten, Mächten und Potentaten. Auch Sie müssen in
den Topf.

*Si.* Wie?

*Chi.* Kennen Sie *Elyzium* ? eine Geschichte, von der er die Wildgansjagd
erzählt.

*Si. Elysium ?* Ich habe von einem solchen Ort gelesen.

*Chi.* Dann geh zu ihm,
du bist die beste Gesellschaft, die nur sein kann. [ *Verlassen* Chilax .
Ihre Anbetung wurde voll und ganz erfüllt.

*Si.* Barmherzigkeit mit uns,
was fehlt diesem Herrn?

*Mem.* Bereitstellung

— *Si.* Wie sein Kopf funktioniert!

*Mem.* Zwischen zwei Rippen ,
wenn er mich abkürzt oder zerfleischt; Ich werde ihn nehmen
und seinen Hals herumdrehen

. *Si.* Jetzt verteidigen uns die Götter.

*Mem.* In einem reinen, transparenten Becher mit der Aufschrift
„To signifie —

*Si".* Ich habe ihn nie so kennengelernt:
Sicher ist er verhext oder vergiftet .

*Mem.* Wer ist da?

*Si.* Ich, Sir.

*Mem.* Komm her, *Siphax* .

*Si.* Ja, wie geht es Ihrer Lordschaft?

*Mem.* Nun, Gott sei gnädig, Souldier , sehr gut,
aber sag mir bitte —

*Si.* Alles, was ich kann, Sir.

*Mem.* Was musst du tun, um die seltenste Schönheit
der Welt zu erlangen?

*Si.* Das hat die Welt? Das lohnt sich.

*Mem.* Ist es so; aber welches Tun trägt es?

*Si.* Warum! irgendetwas ; alle Gefahr scheint es zu sein.

*Mem .* Nennen Sie einige dieser Dinge: tun Sie es.

*Si. Ich würde* eine Reise um die Welt

unternehmen, Sir .
*Mem.* Kurz gesagt, *Siphax* .
Ein Händler macht es, um Töpfe mit Ale zu würzen.

*Si.* Ich würde in Armor schwimmen .

*Mem.* Noch kurz; Ein armer Jade
Loaden wird einen Bach nehmen und ihn stark aufhalten, um eine Stute zu
überspringen.

*Si.* Die Pest, ich habe es gewagt.

*Mem.* Noch kürzer,
ich werde es mit einer Zwiebel heilen.

*Si.* Surfen.

*Mem.* Kurz gesagt:
Sie sind oft Ärzte für unsere Gesundheit und helfen uns.

*Si.* Ich würde einen Bruch ertragen.

*Mem.* Deine Ehre gebietet dir Souldier :
„Es ist eine Schande, eine zweite Ursache zu finden.“

*Si.* Ich habe es gewagt, Sir,
mit dem schlimmsten Monster zu kämpfen.

*Mem.* Das sind die Ärmsten.
Der Mensch wurde zu ihrem Meister ernannt . Darfst du färben, Sir?

*Si.* Wie? Färbe mein Herr!

*Mem.* Farbstoff *Siphax* ; Nimm dein Schwert
und komm durch die Tür zu ihr. Es gibt einen Preis

, zu dem man eine lustvolle Liebe kaufen kann.

*Si.* Ich begnüge mich damit, Sir,
keinen Käufer zu beweisen.

*Mem.* Weg, du Weltwurm,
du gewinnst eine unvergleichliche Schönheit?

*Si.* Es ist zu verlieren , Sir.
Wo ist die Belohnung, die ich für meinen Tod erreiche? Die Liebe, für die
ich arbeite ?

*Mem.* Da fängt es an, Du Narr,
du bist dämlich cozen'd ; Denn die Liebe, die wir jetzt kennen,
ist nur die Hitze einer halben Stunde; und hasste
Wünsche, die von der Natur geweckt wurden, um sie zu vergrößern ;
Sich gegenseitig lecken zu einer Lust; Kurs und grundlegender Appetit,
Erden mehr Erben
und Erben des Müßiggangs und des Blutes; Reine Liebe, die die Seele
berührt und nicht erkaufen kann. Während sie mit unserem Fleisch beladen
ist, wohnt diese Liebe, Herr, die der Preis der Ehre ist , nicht hier.
Die Augen Deiner Damen sind lichtlos für diese Tugend ,
diese Schönheit lächelt nicht weiter eine Wange ist überzogen,
noch duftet es nach dem süßen Amber; Unten, *Siphax.*
Unter uns, in der anderen Welt *Elyzium* ,
wo es kein Sterben mehr gibt, kein Verzweifeln, keine Trauer, wo alle
Wünsche erfüllt sind, Desarts herunter geladen,
dort *Siphax* , dort, wo die Liebe immer lebt.

*Si.* Warum lieben wir dann auf dieser Welt?

*Mem.* Um es zu bewahren,
verlor der Schöpfer sein Werk anders; aber markiere *Siphax* ,
welche Probleme diese Liebe mit sich bringt.

*Si.* Warum Kinder, Sir?
Ich habe ihn nie so reden hören; also göttlich und sinnlich vorher.

*Mem.* Es tut dies, *Siphax* ,
Dinge wie wir selbst , als sinnliche, eitle, nicht entlüftete
Blasen und Lufthauch, bekamen einen Juckreiz,
wie Blasen sind, und gezüchtet, so viel Verderbnis fließt aus ihrem Leben,
Kummer zeugt und formt sie ,

und oft der Tod derer, die wir am meisten lieben. Die Züchter bringen sie in die Welt, um
sie zu verfluchen .
Weinend schleichen sie wie junge Katzen unter uns.
Sorgen und ständige Kreuze, die mit ihnen verbunden sind ,
lassen die Zeit alt werden, sie zu pflegen und Erfahrungen zu machen. Sie verändern sich so; Sie wachsen und wachsen gut, bevor wir unsere Gedanken wie Wassertropfen umdrehen können. Sie fallen in die Hauptsache und sind nicht mehr bekannt.
Das ist die Liebe dieser Welt; Ich muss es dir sagen, denn du verstehst es.

*Si.* Was Sie wollen, Sir.

*Mem.* Und als treuer Mann:
Nein, ich wage es, dir zu vertrauen, ich liebe die Prinzessin.

*Si.* Das hat ihn gefeuert,
ich wusste, dass er eine Inspiration hatte. Aber weiß sie es, Sir?

*Mem.* Ja , heiratet sie,
ich habe ihr mein Herz gegeben.

*Si.* Wenn du sie liebst.

*Mem.* Nein, verstehe mich, mein Herz wurde mir genommen,
aus meinem Körper, Mann, und so zu ihr gebracht. Wie gefällt dir dieses mutige Angebot? da ist die Liebe,
von der ich dir erzählt habe; und nach dem Tod die Lebenden; Sie muss in Gerechtigkeit kommen, Junge, ha?

*Si.* Ihr Herz, Sir?

*Mem.* Ich, also auf jeden Fall, *Siphax* .

*Si.* Er liebt Braten,
und das frisst den Spieß.

*Mem.* Und da du so gekommen bist,
werde ich es sofort tun und du sollst es tragen, denn du kannst eine Geschichte erzählen und sie beschreiben. Und ich beschwöre dich, *Siphax* , bei deinem Adel,
als nächstes bei den glorreichen Schlachten, in denen wir gekämpft haben ,Bei allen Gefahren, Wunden, Hitze, Erkältung, Nöten, Deine Liebe als

Nächstes und Gehorsam, ja, Dein Leben.

*Si.* Aber eines zuerst, Herr, wenn sie es gewähren
würde : Könnten Sie sie hier nicht lieben und leben? halten.

*Mem.* Ha? Ja, ich glaube, ich könnte.

*Si.* ' Zwei wären viel näher,
außerdem würden die Süßigkeiten hier die letzte Liebe hervorrufen und sie
verbinden.

*Mem.* Du sagst recht, aber unsere Reihen hier
und Blut sind Barrieren zwischen uns, sie muss sich auch zurückhalten, wie
ich sehe, dass sie es tut.

*Si.* Desert and Duty
macht alles wieder gut, Sir.

*Mem.* Dann darf der König
sie nicht zulassen, obwohl ich so viel verdient habe, wie ein Mensch nur
kann, so viele Prinzen begehren nach ihrer Schönheit;
Ich würde es von ganzem Herzen

tun , aber es ist unmöglich. *Si.* Sagen wir mal, sie heiratet danach.

*Mem.* Nein, sie wagt es nicht;
Die Götter wagen es nicht, Böses zu tun; kommen.

*Si.* Meinst du es?

*Mem.* Leihen Sie mir Ihr Messer und helfen Sie mir.

*Si.* Um Himmels willen,
seien Sie nicht so dumm und verrückt, lieber General.

*Mem.* Versand, sage ich.

*Si.* So wie ihr liebt, sucht ihr nach dem
Himmel und dem gesegneten Leben.

*Mem.* Hölle Nimm dich, Coxcomb,
warum hältst du mich davon ab? Dein Messer, sage ich.

*Si.* Tue nur dieses Eine, auf meinen Knien flehe ich darum:
Bleib nur zwei Stunden, bis ich wieder zurückkomme. Denn ich werde ihr
alle deine Verdienste, deine unbewerteste Liebe und deine Gefahr erzählen;
Wenn sie nachgibt, dann lebe still und lebe liebevoll, glücklich und hoch in
der Gunst : wenn sie die Stirn runzelt –

*Mem.* Soll ich es unbedingt wissen?

*Si.* Solange ich lebe, Herr,
wird meine schnelle Rückkehr Ihnen entweder Glück bringen
oder Sie Ihrem eigenen Schicksal überlassen.

*Mem.* Zwei Stunden?

*Si.* Jawohl.

*Mem.* Lass es fernbleiben, ich werde es erwarten. [ *Bsp.* Mem. Si.

Chilax , *Narr und Junge treten auf* .

*Chi.* Ihr klugen Köpfe ! zwei von euch zu einem Cater,
um ihn um ein Abendessen zu betrügen?

*Junge.* Zehn am Hofe, Herr,
sind wenige genug, sie sind so weise wie wir.

*Chi.* Hey, ich werde zu jeder Zeit und an jedem Ort essen ,
ich mache das nie zu einem Teil der Notwendigkeit, mir zu predigen, was
ihr tun könnt und wann ihr es wollt.

*Narr.* Eure Geduld,
es ist ein harter Tag am Hof, ein Fischtag.

*Chi.* So scheint es, Herr,
Die Flossen wachsen aus deinem Gesicht.

*Narr.* Und um
an diesem Tag die Gesellschaft eines lieben Custards oder eines
Durcheinanders von Rice ap *Thomas zu erwerben* , braucht es einen großen
Witz;
Rindfleisch, das wir vor uns tragen können, ausgekleidet mit Bier
und Kübeln mit Schweinefleisch; Lautstarkes Kalbfleisch und Zungen, von
denen man noch
nie gehört hat.

*Chi.* Füll deinen Mund mit ihnen .

*Narr.* Du hast Bedarf, und zwar großen Bedarf,
für diese finnischen Fischtage . Die
Offiziersverständnisse sind so flegmatisch ,
dass sie uns nicht fassen können.

*Chi.* Das ist sehr schade,
denn du hast es verdient, und verhaftet zu werden
Die Peitsche obendrein; Junge, was machst du so nah bei mir?
Ich wage es nicht, deiner Berührung zu vertrauen, Junge.

Stremon *und sein Junge treten auf*.

*Junge.* Da ich schwindlig bin ,
was, Diebe unter uns ?

*Chi. Stremon* .

*Stre* . Leutnant.

*Chi.* Willkommen ein Ufer, ein Ufer.

*Narr.* Was für *ein Monsieur Musik* ?

*Stre* . Mein feiner Narr.

*Junge.* Kerl *Crack* , *warum* sind wir jetzt mit

was für einer Gemahlin gesegnet?
*Narr.* Narren und Geigenspiel ,
nein, und wir leben nicht jetzt, Jungs; Welche neuen Lieder, Sirra ?

*Stre* . Tausend, Mann, tausend.

*Narr.* Itching Airs
In Anspielung auf den alten Sport.

*Stre* . In allen Größen.

*Narr.* Und wie funktioniert hier der kleine *Tym Treble* ; das Herz nicht ?

*2 Junge.* Um Ihnen Dienstleistungen zu erbringen.

*Narr.* O *Tym* , die Zeiten, die Zeiten *Tym* .

*Stre* . Wie geht es dem General,
und welches Geld bewegt sich weiter?

*Chi.* Für den General
ist er hier, aber so ein General! Die Zeit hat sich geändert , *Stremon* ,
er war der liberale General und der Liebende,
der Ernährer eines Seelenverwandten und der Vater,
aber jetzt wurde er der Dummste .

*Stre* . Warum, was fehlt ihm?

*Chi.* Nein, wenn ein Pferd es wüsste und sein Kopf groß genug wäre, würde
ich es nicht erwarten ; Hast du jemals einen Hund gesehen , der
wegen Zahnschmerzen
verrückt geworden ist? So ein weiteres Spielzeug. Ist er jetzt so, so dass er
glotzt und grinst und beißt.

*Narr.* Warum ihn schnell aufhängen,
und dann kann er den Leuten nichts tun?

*Chi.* Eine Stunde tobend,
eine andere lächelnd, die dritte Stunde kein Wort, sage ich dir, *Stremon* Er ist
eine rührende Seele.
Was auch immer sie versucht oder sich
anstrengt , würde in einem anderen zwanzig Körper zermürben.

*Narr.* Ich verheimliche es für mich, aber Buckram
würde das in zwei Stunden rausbringen .

*Chi.* Dann spricht er über
das Seltsamste und Verrückteste aus der Vernunft oder über alles , was ihr
anbietet; Steh da,
ich zeige dir, wie es ihm geht, denn ich spiele *Memnon*.
Der seltsamste General, von dem du je gehört hast , *Stremon* .

*Stre* . Mein Herr.

*Chi.* Geh jetzt und finde mich.
Ein schwarzes Pferd mit einem wehenden Schweif; Fordere das blanke
Kornett auf, durch das Meer zu stürmen und die Marine zu versenken:

Leise, Unsere Seelen sind Dinge, die in uns
nicht geweckt werden dürfen Mit Larums und lautem Gebrüll , denn in
*Elysium werde ich*
Stille und Stille und Süße haben , Sirra ,
Denn es geht mir sehr um meine Ehre .
Ein so starker Ruf für meinen Empfang, wie die ganze Welt sagen wird:
Denn an vorderster Front sind so viele weiße Einhörner, daneben meine
Herren, meine Kavaliere und Kapitäne, zehn tief und gefangen mit
Spannhaken zum Ergreifen
alle Gelegenheiten: denn Freitag kann nicht herausgefischt werden
Das Ziel, das ich anstrebe; Erzähl mir von *Diokles* ,
und was er zu tun wagt? Kann er es wagen, mich nackt zu treffen?
Donner in dieser Hand? in seiner Linken – Narr –

*Narr.* Jawohl.

*Chi.* Du Narr, ich möchte, dass du in der Luft fliegst, flieg schnell
zu dem Ort, wo die Sonne untergeht, dort liefere.

*Narr.* Liefern? wie bitte?

*Chi.* Dieser Herr, dieser Sklave, Herr, [ *Alle lachen.*
Tod, ihr unhöflichen Schurken, ihr Skarabäen .

*Narr.* Warten Sie um Himmels willen, Lieutenant, süßer Lieutenant.

*Chi.* Das habe ich getan, Sir.

*Junge.* Du hast ihm den Hals umgedreht.

*Chi.* Nein, Junge, das liegt in der Natur
dieser seltsamen Leidenschaft, wenn man nicht zuschlägt, um Menschen
an den Haaren zu reißen, sie zu treten , ihnen den Kopf einzuschlagen.

*Narr.* Nennen Sie das Schauspiel? War es Ihre Rolle, mich zu schlagen?

*Chi.* Ja, ich muss alles tun, was er tut.

*Narr.* Pest, tut ihr,
ich werde nicht mehr handeln.

*Stre .* Es geht nur darum, es dem Menschen zu zeigen.

*Narr.* Dann, Mann,
Er hätte es nur zeigen und nicht tun sollen,
ich bin sicher, er hat mich um Längen geschlagen,
mit Schlägen deiner schweren Faust.

*Chi.* Ich will dich zu ihm haben,
du hast einen guten Verstand, ein guter Narr, und kannst selten spielen.
Er wird dich umarmen, Junge, und dich streicheln.

*Narr.* Ich gehe zuerst zu den Aktien,
ich werde also gestreichelt .

*Strem* . Aber wie kam er, *Chilax* ?

*Chi.* Das weiß ich nicht.

*Strem* . Ich gehe zu ihm.

*Chi.* Er liebt dich sehr
und freut sich sehr, dich singen zu hören; Er war sehr angetan von deinen
Kampfliedern.

*Stre* . Wenn Musick
seinen Wahnsinn finden kann; Ich werde ihn so fummeln, dass es ihm auf
den Schultern liegt .

*Chi.* Mein guter Fidler,
He'l Mach dich fertig und achte auch nicht darauf: Es wird ein seltener
Spaß sein,
zu sehen, wie sein eigener Beruf über ihn triumphiert .
Für Geld regt sich nichts; Versuchen Sie es mit dem guten *Stremon.*
Was kann Ihr silberner Sound? Unsere Stimmen sind nur leere Echos.

*Stre* . Es wird etwas getan werden,
das ihm alles klar machen wird; Lasst uns zu 'Taverne,
ich habe noch ein paar Kronen übrig: Meine Pfeife wird nass, sobald
ich ihm so ein Paven —

*Chi pfeife.* Halte deinen Kopf hoch,
ich werde es mit einem Liter Wein heilen; Komm Coxcomb,
komm Junge, pass auf Servietten auf.

*Narr.* Du wolltest nicht mehr schauspielern?

*Chi.* Kein Huhn mehr.

*Narr.* Geht doch. [ *Exeunt omnes.*

*Betreten Sie* Siphax *an einer Tür und einen Herrn an der anderen.*

*Si.* Gott schütze Sie, Sir; Bete, wie könnte ich die Prinzessin sehen?

*Mann.* Sehr wohl, Herr, sie ist jetzt schon bereit, diesen Weg
in den Park hinauszugehen ; Stehen Sie da,
Sie können ihren Anblick nicht verfehlen, Sir.

*Si.* Ich danke Ihnen vielmals. [ *Verlassen Sie den Herrn.*

*Eingeben* Calis , Lucippe und _ Reinigen .

*Kal.* Lasst uns aufpassen, denn ich versichere euch, dass
ich ihn nicht freiwillig noch einmal treffen werde ;
Denn obwohl ich keine Angst vor ihm habe, wüsste ich doch nicht viel
über seine Mode.

*Cle.* Sanfte Dame,
Sie brauchen sich nicht zu fürchten, die Spaziergänge sind einsehbar und
leer,
aber ich denke, Madam, dieses gütige Herz von ihm –

*Lucip* . Er kommt langsam.

*Si.* Behüte mich, ihr gesegneten Engel.
Was für eine Tötungskraft ist das?

*Kal.* Warum suchst du nicht ?
Glauben Sie nicht, dass er es ernst meinte?

*Lucip* . Ich denke, meine Dame,
ein Gentleman sollte sein Wort halten; und an eine Dame, eine Dame Ihrer
Exzellenz.

*Cal.* Aus Idiot!
Schickst du mir sein Herz? Was sollen wir damit machen ? tanzen?

*Lucip* . Trockne es und trinke es für die Würmer.

*Cal.* Wer ist er?
Welcher Mann steht da?

*Sauber.* Wo?

*Cal.* Dort.

*Cle.* Ein Gentleman,
den ich um deine Gnade bitte, so sehr zu
ehren , dass du ihn als deinen Diener erkennst, Bruder.

*Kal. Siphax ?*

*Cle.* Das Gleiche wird deiner Gnade nicht gefallen; Was macht er hier ?
In welchem Geschäft? und ich unwissend?

*Kal.* Er hat sich zu einem hübschen Gentleman entwickelt: Guter *Siphax*
, willkommen aus den Kriegen; Würden Sie mit uns sein, Sir?
Beten Sie, sprechen Sie Ihren Willen aus: Er errötet, seien Sie nicht
ängstlich . Ich kann es Ihnen im Namen Ihrer
Schwestern versichern , Herr,
da ist meine Hand darauf.

*Cle.* Hören Sie, Sir?

*Kal.* Sicher, diese Souldiers
sind alle bewusstlos geworden.

*Cle.* Wissen Sie, wo Sie sind, Sir?

*Kal. Er* ist sprachlos ,
er sieht auch nicht gut aus, bei meinem Leben, glaube ich –

*Cle.* Sprich aus Scham, sprich.

*Lucip .* Ein Mann würde sprechen –

*Cal.* Diese Seelenmenschen
sind allesamt dumme Heilige: Überlegen Sie und nehmen Sie sich Zeit,
Herr, lasst uns nach vorne gehen, Mädels, kommt, sein Palat ist unten.

*Luc.* Können diese Männer es wagen, mich angesichts von Feuer und
Kugeln anzugreifen?

Und ihre Köpfe vor einer hübschen Frau senken? Guter Meister *Mars* , das ist ein übler Fehler. [ *Bsp. Prin.* Lucippe .

*Cle.* Fye Biest,
nicht mehr mein Bruder .

*Si.* Schwester, verehrte Schwester.

*Cle.* Entehrter Narr.

*Si.* Ich gestehe es.

*Cle.* Pfui auf dich.

*Si.* Aber bleib, bis ich liefere.

*Cle.* Lass mich gehen,
ich schäme mich , dich zu besitzen.

*Si.* Dann lebe wohl,
du darfst mich nie wieder sehen.

*Cle.* Warum bleibst du lieber *Siphax* ,
die Vergangenheit meines Zorns; Ich werde dich sprechen hören.

*Si.* O Schwester!

*Cle.* Raus damit, Mann.

*Si.* OIch habe meinen Unfug getrunken.

*Cle.* Ha? Was?

*Si.* Meine Zerstörung.
Vor meinen Augen habe ich es getrunken; O die Prinzessin, die seltene süße Prinzessin!

*Cle.* Wie dumm? die seltene Prinzessin?
War es die Prinzessin, die du gesagt hast ?

*Si.* Die Prinzessin.

*Cle.* Du liebst sie sicher nicht, du darfst es nicht.

*Si.* Ja, beim Himmel.

*Cle.* Ja, beim Himmel? Ich weiß, dass du es nicht wagst .
Die Prinzessin? Es ist dein Leben, wenn du es erkennst, eine Anmaßung,
die alle deine Verwandten hineinziehen und sie als Sklaven und ohne Erfolg
zurücklassen wird . die Prinzessin?
Warum sie eine heilige Sache ist, die man sehen und anbeten kann, von uns
fernsteht wie die Sonne, hoch und herrlich, um angebetet und nicht verehrt
zu werden; Wünsch dir die Dinge, die möglich sind,
du dummer junger Mann, hege keine Hoffnung, die dir das Herz aus dem
Leib reißt.

*Si.* Es ist mein Schicksal ,
und ich weiß, dass sowohl Schande als auch der Tod es beenden werden,
wenn es bekannt wird.

*Cle.* Verfolge es also nicht, *Siphax* .
Mache dir gute, heilsame Gedanken, die dich nähren, geh nach Hause und
bete.

*Si.* Ich kann nicht.

*Cle.* Schlaf dann, *Siphax* ,
und träume deine Schwärmerei weg.

*Si.* Ich muss sie haben,
sonst bist du nicht mehr dein Bruder ; Arbeite *sauber* ,
arbeite und arbeite schnell, sonst werde ich sterben, Weib.

*Cle.* Farbstoff also, ich wage es zu vergessen; Abschied .

*Si.* Abschiedsschwester .
Abschied Für immer , sieh mich begraben.

*Cle.* Bleiben.
Bete, bleib: Er ist alle meine Brüder: Auf keinen Fall *Siphax* ,
keine andere Frau?

*Si.* Keine, keine, sie oder Untergang.

*Cle.* Geh und hoffe gut, mein Leben werde ich für dich wagen
und all meine Kunst, eine Frau mag Wunder bewirken; nicht mehr, bete

herzlich gegen mein Schicksal, denn ich fürchte ein großes Schicksal sehr.

*Si.* Ich werde es tun. [*Ausgehen.*

---

## Actus Tertius. Scena Prima.

*Es treten eine Venuspriesterin* und *ein Junge auf.*

*Pri* . Finden Sie ihn auf jeden Fall; Und gutes Kind, sag ihm,
er hat seinen alten Freund vergessen, gib ihm das,
und sag heute Abend ohne Entschuldigung oder Geschäft: „
Wenn er jemals einen Freund findet, komm zu mir, er kennt den Weg und
wie, fang an ."

*Junge.* Ich galoppiere. [ *Geh weg, Junge.*

*Eingeben* Reinigen .

*Cle.* Ich habe dich gesucht.

*Pri* . Die Messe *Cleanthe* ,
Was könnte Ihr Unternehmen sein?

*Cle.* O heilige Mutter.
Solch eine Angelegenheit, von so seltsamer Bedeutung, jetzt oder nie.
So wie ihr mich geliebt habt, wie ihr es tut oder tun werdet, wenn ich eine
passende Zeit finden werde.

*Pri* . *Wenn* Ihr Geschäft durch meine Mittel in Ordnung gebracht werden
kann;
Ihr kennt mich und wie ich mit euch verbunden bin; Sei mutig, Tochter
, um deine besten Hoffnungen aufzubauen.

*Cle.* Oh, aber es ist eine seltsame Sache.
Ich stecke in so vielen Gefahren fest –

*Pri* . Da ist die Arbeit.
Kleine Dinge funktionieren von selbst und bereiten keine Freuden. Sei
zuversichtlich, bis zum Tod werde ich dienen.

*Klar* . Hier.

*Pri* . Pfui, keine Korruption.

*Cle.* Nimm es; Es gehört dir,
und Güte ist kein Ärgernis für dein Gewissen.
Ich weiß, du hast Möglichkeiten, es auszudrücken: Du darfst es behalten.

*Pr.* Ich werde es für dich behalten; Wann?

*Cle.* Morgen
früh werde ich euch wieder besuchen; und wenn sich die Gelegenheit bietet
—

*Pr.* Belehre mich und lass es dir schmecken.

*Cle.* Auf Wiedersehen bis dahin; sicher sein.

*Pri.* Als Ihre eigenen Gedanken, Lady.

*Cle.* Es ist ein Hauptwerk und voller Angst. [ *Beenden Cle.*

*Pri.* Nur Narren
Lass ihre Auswirkungen furchterregend erscheinen, lebe wohl, Tochter.
Dieses Gold war gut für meinen alten Tuff Souldier ,
Jetzt werde ich wieder sein süßer sein; Was für ein Geschäft hat sie? Hat sie
einen Fuß? Irgendein lustvoller Liebhaber, der über ihre Linie hinausgeht,
die junge Dirne würde gerne herumalbern. Es muss an ein wenig gedacht
werden, um sie wiederzubeleben. Es ist jedoch so, dass sie es haben muss;
aber wie kann sie, ein Teufel, es mit meinen Mitteln fahren? Ich warte
immer noch vor der Göttin und gebe Orakel. Wie kann ich ihr nützen? Es
ist ihr eigenes Projekt, und wenn sie es falsch macht, ist es ihre eigene
Schuld. [ *Verlassen Sie* den Priester.

*Eingeben* Polydore , Eumenes, *Kapitäne* , Stremon .

*Pol.* Das ist völliger Wahnsinn.

*Eum .* So ist es, Sir.

*Pol.* Nur der Anblick der Prinzessin?

*1 Kappe.* Alles was wir beurteilen können.

*Pol.* Hierauf muss rechtzeitig

geachtet werden. *Eum .* Ja, und mit Bedacht.

*Pol.* Er bietet nicht sein Leben an?

*Eum .* Noch nicht, Sir,
das können wir hören.

*Pol.* Edle Herren,
ich möchte Sie bitten, über ihn zu wachen. Eine würdigere Arbeit können
Sie nicht leisten.

*2 Kap.* Wir sind gekommen, Herr,
für diesen Dienst vorgesehen.

*Pol.* Wo ist *Chilax* ?

*Strem .* Ein bisschen beschäftigt , Sir.

*Pol.* Ist der Narr und der Junge hier?

*Strem .* Das sind sie, Sir.

*Auftritt* Memnon.

*Pol.* Lasst sie noch so sein; und wie sie seinen Humor finden .

*Eumen .* Jetzt könnt ihr ihn sehen.

*Pol.* Bleiben Sie nah beieinander und machen Sie keinen Lärm.
Anhand seiner Augen, meine Herren, schätze ich, dass er voller Wut ist.

*Eumen .* Da wird man nicht gesehen.

*Mem.* Die Stunde ist schon lange vorbei, er ist falsch und ängstlich,
Feigling, geh mit deiner kaitativen Seele, du Hund,
du kalter Klumpen, wildes Feuer, wärme dich, monströses Furchtsames, ich
weiß, der Sklave zittert, aber wenn du nicht darüber nachdenkst .

*Pol.* Wer ist er?

*Eumen .* Ich weiß es nicht, Sir.

*Mem.* Aber ich werde dich fangen, Schlingel,
deine räudige Seele ist hier nicht unsterblich, Herr, du musst sterben, und
wir müssen uns treffen; Wir müssen, Made, wir müssen es unbedingt tun,

denn nicht ein Winkel der Hölle, nicht die schrecklichste Grube wird dich
beherbergen ;
Der Schwanz des Teufels soll dich nicht verbergen, aber ich werde dich
haben,
und wie ich dich gebrauchen werde! Peitschen und Feuerbrände:
Deinen Schwanz gegen die Flamme wilden Feuers
zu werfen und ihn mit Schwefel zu begießen, wird nichts sein, überhaupt
nichts; Ich werde euch lehren, heimtückisch zu sein: Wurde noch nie ein
Sklave so geschwungen, seit die Hölle die Hölle war
? Wie ich die Seele deines Sklaven schwingen werde; und stellen Sie sicher,
dass Sie es nicht tun .

*Pol.* Ist das Einbildung oder ein Umstand?
Denn es ist äußerst seltsam.

*Eumen .* Das ist alles, was er tut, Sir.

*Mem.* Bis dahin werde ich dich verlassen; Wer ist da? Wo ist der Chirurg?
*Demagoras ?*

*Dem.* Mein Herr.

*Mem.* Bringen Sie den Chirurgen mit:
Und warten Sie auch.

*Betreten Sie* den Chirurgen.

*Pol.* Was würdest du? er mit einem Chirurgen?

*Eum .* Die Dinge müssen ihm durch den Kopf gehen: Bete, Merke.

*Mem.* Komm her,
hast du deine Instrumente mitgebracht?

*Sur.* Sie sind drinnen, Sir.

*Mem.* Stellen Sie dort eine Weile an die Türen; Ihr könnt
um Haaresbreite einschneiden , ohne es zu verunstalten.

*Sur.* Jawohl.

*Mem.* Und schön aus dem Fleisch herausnehmen.

*Sur.* Das Geringste.

*Mem.* Nun, kommen Sie hierher; Zieh mein Wams aus,
denn sieh, Chirurg, ich muss dich hier und schön ins Herz schneiden lassen
: Nein, starre nicht und
erschrecke nicht; Sonst schneide ich Ihnen die Kehle durch, Chirurg.
Kommen Sie und schwören Sie, es zu tun.

*Sur.* Guter Herr —

*Mem.* Sirrah, halten Sie ihn fest,
ich werde nur einen Schlag auf seinen Kopf bekommen.

*Sur.* Ich werde es tun.
Warum was sollten wir tun, wenn wir nach Ihnen leben , Sir?
Wenn Sie möchten, färben wir es vorher.

*Mem.* Nein, nein.

*Sur.* Leben? Leben hängen.
Gibt es kein Katzenloch, durch das ich schleichen könnte?
Wäre ich in *Indien* ? [ *Beiseite.*

*Mem.* Schwört dann und nach meinem baldigen Tod,
euch selbst zu töten und zu folgen, wie ihr ehrlich seid, wie ihr Glauben
habt und mich liebt.

*Dem.* Ja mach mal.

*Eum* . Beten Sie, rühren Sie sich noch nicht, wir sind nahe genug,
um allen Gefahren zu trotzen.

*Mem.* Hier bin ich, Herr;
Komm, sieh mich an, erkenne kühn den besten Weg, fürchte dich nicht,
sondern schneide nach Hause; Wenn deine Hand zittert, Sirrah, oder auf
irgendeine Weise mein Herz durch einen Schnitt verunstaltet,
dann mache auch nur den geringsten Kratzer darauf; aber zeichne es ganz,
ausgezeichnete Messe, zeige es in allen Punkten, Chirurg, die Ehre und die
Tapferkeit des Besitzers,
gemischt mit der makellosesten Liebe, die ich ihm sende, schau darauf , ich
werde dich bis in die Seele aufschneiden.

*Sur.* Keine Angst, Sir,
ich werde es mit aller Sorgfalt tun; Wäre ich einmal draußen gewesen?

*Mem.* Ich werde dich nicht lächeln lassen, Sirrah, wenn du es tust,
als ob du einen Damenmais schneiden würdest; Es ist Skorbut: Tu es mir
ernst, wie du deine Gebete tust.

*Sur.* Ich mache es auf einer Müllkippe, Sir.

*Mem.* In einem Hund, Herr,
werde ich weder Müll noch Knödel haben ; Holt eure Werkzeuge,
und dann erzähle ich euch mehr.

*Sur.* Wenn ich zurückkomme,
um mehr zu hören, werde ich gehängt für't .

*Mem.* Schnell schnell.

*Dem.* Ja, Sir,
mit all den Absätzen, die wir haben. [ *Verlassen Sie* den Chirurgen,
Demagoras .

*Eumen .* Doch bleib stehen.

*Pol.* Er wird es tun.

*Eum .* Er kann es nicht, und wir hier.

*Mem.* Warum, ihr Schurken,
ihr langweiligen Sklaven: wollt ihr kommen, Herr? Chirurg, Spritze,
Hundelauge, soll ich dich holen kommen?

*Pol.* Jetzt werde ich zu ihm.
Gott schütze dich, verehrter Bruder.

*Mem.* Mein lieber *Polydore* ,
willkommen von der Reise, willkommen; Und wie geht es euch?

*Pol.* Nun, Sir, würden Sie das gerne tun ?

*Mem.* Das tue ich, ich danke Ihnen.
Sie sind ein viel besserer Mann, ich bin immer noch derselbe,
ein alter, unhöflicher Souldier , Sir.

*Pol.* Bitte sei klar, Bruder,

und sag mir nur die Bedeutung dieser Vision, denn sie erscheint mir nicht mehr; bisherAus gemeinsamem Kurs und Vernunft.

*Mem.* Danke, Glück,
endlich habe ich den Mann gefunden: Der Mann muss es tun, der Mann ist in Ehren gebunden.

*Pol.* Um was zu tun?

*Mem. Horch, denn ich werde dich mit den Umständen* dieses schwachen Schattens segnen, der
erschien .

*Pol.* Sprechen Sie weiter, Sir. [ *Geht mit ihm.*

*Mem.* Es ist keine Story für alle Ohren.

*Pol.* Die Prinzessin? [ *flüstert.*

*Mem.* Ruhe und höre alles.

*Pol.* Wie?

*Eum* . Sicher ist es gefährlich.
Er fängt so an.

*Pol.* Dein Herz? Wissen Sie, Herr?

*Mem.* Ja, bitte sei sanfter.

*Pol.* Ich soll es tun?

*Mem.* Nur reserviert und gewidmet.

*Pol.* Aus Scham, Bruder.
Erkenne, was du bist, ein Mann.

*Mem.* Nichts von deinem *Athen* ,
mein lieber Herr, keine Philosophie, du fühlst dich nicht
Das ehrenvolle Ende, Narr.

*Pol. Ich bin sicher, dass ich* die Scham und Verachtung spüre , die daraus folgt;
Habt ihr so lange

dem Ruhm eures Landes in euren Eroberungen gedient ? Dem Neid eurer
Nachbarn in euren Tugenden ?
Beherrschte eure eigenen Armeen, gab den Nationen Gesetze,
geliebt und gefürchtet , so weit der Ruhm gereist ist ,
nanntet euch den glücklichsten und glücklichsten *Memnon* ,
hier zu Hause alles zu verlieren, schlecht, es zu verlieren „Schlecht und
kleinlich, lächerlich, dein Vermögen wegzuwerfen?“ Wo ist deine Weisheit ?
Wo ist die Diskretion, mit der du andere
regierst ? Hält deine Regel endlich an dir selbst fest ? Pfui Bruder,
wie geht es dir, Faln ? Steigen Sie zu Ihren Ehren auf ,
dem höchsten Zweig Ihrer Tapferkeit, und
schauen Sie von dort aus, wie klein *Memnon* jetzt erscheint.

*Mem.* Summen! Es ist gut gesprochen; Aber denkst du, junger Gelehrter,
dass
die Zungen der Engel aus meinem Glück das Ende, das ich anstrebe,
umkehren könnten? Nein, das können sie nicht. Das ist kein Bücherregal,
Bruder; Wirst du es tun? Benutze keine Kunst mehr, ich bin entschlossen .

*P [ o ] l.* Ihr könnt mir, Herr,
befehlen, alles zu tun , was ehrlich ist,
und für Euer edles Ziel: aber das hier trägt —

*Mem.* Ihr werdet nicht so geehrt werden ; Lebe noch immer
und lerne buchstabieren, um Profit zu machen: geh, geh lernen.

*Eum .* Ihr dürft ihn nicht aufhalten, dann ist er verloren.

*Mem.* Geh wieder zur Schule und rede über Rüben,
und finde die natürliche Ursache heraus, warum ein Hund sich dreimal um
ihn dreht er legt sich hin: Da ist Lernen.

*Pol.* Komm, ich werde es jetzt tun; Das ist mutig, das finde ich,
und nun gestatten Sie den Grund.

*Mem.* O, tun Sie das, Sir?
Finden Sie es Johannisbeere?

*Pol.* Ja, ja, ausgezeichnet.

*Mem.* Ich habe es dir gesagt.

*Pol.* Ich war dumm: Ich habe auch hier

den seltensten Weg, die Wahrheit herauszufinden; Hört ihr? Ihr sollt von mir

regiert werden. *Mem*. Es wird sein: aber-

*Pol*. Ich erreiche es:
Wenn das Schlimmste fällt, habe ich im Schlimmsten; wir werden beide gehen. Aber zwei Tage, und so ist es; Ha?

*Mem*. 'Twill macht das gut.

*Pol*. Dann ist das nicht ausgezeichnet, stellst du dir das vor?

*Mem*. „Twill funktioniert auf jeden Fall."

*Pol*. O 'twill sie kitzeln,
und du wirst es dann anhand einer Zeile erkennen.

*Mem*. Es gefällt mir,
aber lass mich nicht noch einmal täuschen .

*Pol*. Zweifle nicht,
dann tust du mir Unrecht, geh da rein, wie ich es dir beigebracht habe; *Basta*
.

*Mem*. Arbeiten. [ Memnon

*verlassen* . *Pol*. Ich werde tun.

*Eum* . Habt ihr die Ursache gefunden?

*Pol*. Ja, und das Seltsamste, meine Herren,
von dem ich je gehört habe, werde ich Ihnen gleich sagen: *Stremon*
Seien Sie immer noch in seiner Nähe, um seine Fantasie zu beeinflussen,
und halten Sie seine Gedanken fern: Lassen Sie den Narren und den Jungen
bei ihm bleiben, sie mögen es tun auch etwas Vergnügen: *Eumenes*
Was wäre, wenn er eine Dirne, eine hübsche Hure, mitgebracht hätte, selten
gekleidet , und gelehrt hätte, es zu sagen?

*Eum* . Nun, Sir.

*Pol*. Seine Sache ist bloße Hitze: und er ließ glauben,
dass die Prinzessin verrückt nach ihm wäre.

*Eum* . Ich denke
, es war nicht falsch.

*1 Kappe.* Und lass ihn sie küssen.

*Pol.* Was sonst?

*2 Kap.* Ich werde sein Kumpel sein und dir nicht gefallen, jung und gesund, das
kann ich dir versichern.

*Eum* . Glaube ließ ihn.

*Pol.* Er wird, ich hoffe, er wird ihm helfen, ein wenig laufen.
Ich erzähle Ihnen, wie sein Fall steht, und mein Projekt, in dem Sie
vielleicht Trauernde sind, aber lassen Sie sich auf keinen Fall von ihm los,
*Stremon* .

*Strem* . Auf unser Leben, Sir. [ *Ausgehen.*

*Eingeben* Priesterin *und* Chilax .

*Pri* . O du bist ein kostbarer Mann! Zwei Tage in der Stadt
und deinen alten Freund nie wiedersehen?

*Chi.* Bitte verzeihen Sie mir.

*Pri* . Und in meinem Gewissen, wenn ich nicht geschickt hätte.

*Chi.* Nicht mehr, ich wäre gekommen; Ich muss.

*Pri* . Ich finde, dass du,
Gott, eine Gnade brauchst , du kümmerst dich nie um mich,
außer wenn deine Slops leer sind.

*Chi.* Das fürchtest du nicht , Frau;
Wird noch eine gute Johannisbeermünze finden; Ist das das alte Haus?

*Pri* . Habt ihr es vergessen?

*Chi.* Und die Tür, die in den Tempel führt, steht noch
?

*Pri* . Trotzdem.

*Chi.* Auch die Roben,
die ich hier zu tragen pflegte?

*Pri* . Alle noch hier.

*Chi.* O ihr dummen Schurken, durch welche Schwierigkeiten bin ich
getrottet!
Was für Ängste und Schrecken! Jede arme Maus war ein Monster, das ich
regen hörte, und jeder Stock, auf den ich trat, war ein scharfer Stich für
mein Gewissen.

*Pri* . 'Las schlechtes Gewissen.

*Chi.* Und das alles, um deine alten Stiefel zu betrinken, Mädchen.

*Pri* . Out Beast:
Wie du redest!

*Chi.* Ich bin alt, Frau,
und mit einem alten Mann zu reden ist wie ein Magenvernichter, es hält sein
Blut warm.

*Pri* . Aber bitte sag es mir

– *Chi.* Irgendein Ding .

*Pri* . Wo hat der Junge dich getroffen? bei einer Dirne sicher?
An einem Ende einer Wench eine Tasse Wein, klar?

*Chi.* Du weißt, ich bin zu ehrlich.

*Pri* . Das ist Ihre Schuld,
und das weiß der Chirurg.

*Chi.* Dann lebe wohl ,
ich werde dich nicht so schnell enttäuschen.

*Pri* . Ihr werdet beim Abendessen bleiben;
Ich habe geschworen, dass ihr es tun werdet, dadurch werdet ihr es tun.

*Chi.* Das werde ich, Frau;

Aber nach dem Abendessen eine Stunde lang meine Sache.

*Pri*. Und nur eine Stunde?

*Chi*. Nein, mit diesem Kuss, der endete,
werde ich zurückkehren und die ganze Nacht in deinen Armen sein,
Mädchen.

*Pr*. Nicht mehr, ich verstehe deine Bedeutung; Komm, es ist Zeit für das
Abendessen. [ *Ausgehen.*

*Eingeben* Calis , Cleanthe , Lucippe .

*Calis* . Dir geht es nicht gut.

*Sauber.* Deine Gnade sieht viel mehr
, als ich fühle, (und doch lüge ich) O Bruder!

*Kal.* Markiere sie.
Ist die Schnelligkeit ihres Auges nicht verzehrt, Mädchen? Das lebhafte Rot
und Weiß?

*Lucip* . Nein, sie ist sehr verändert .
Soweit ich weiß, waren alle ihre Schlafe so gesund und süß −

*Cle. Bitte*, gnädige Frau, zwingen Sie mich nicht , dort, wo ich nicht bin,
krank zu sein. Selbstgefälligkeit ist eine doppelte Krankheit.
Ich glaube, Eure Hoheit täuscht sich mehr in mir. { *Ein toter Marsch innerhalb
von Drum and Sagbutts*

*Cal.* Ich bin froh, dass es nicht so ist .
Doch dies habe ich immer bemerkt, als du so
warst . Es ging immer noch einem seltsamen Ereignis voraus: Meine
Schwester
starb, als du das letzte Mal so warst : Horch , hor , ho,
was für ein trauriger Lärm kommt da hervor?
Noch immer kommt es näher, näher, hörst du es?

Polydor *tritt auf , Kapitäne und* Eumenes *trauern.*

*Lucip* . Es scheint, als ob eine Beerdigung von Souldiers stattgefunden hätte.

*C* [ *a* ] *l.* Was kann es bedeuten?

*Pol.* Die Götter halten euch schön, *Calis* .

*Cal.* Dieser Mann kann sprechen, und zwar gut; er steht da und sieht uns an;
Hätte ich es nicht noch schlimmer gesehen : Wie demütig
sind seine Augen jetzt auf die Erde gerichtet! Bete, merke ihn und merke,
wie selten er seine Sorgen
zur Sprache gebracht hat: Seht, jetzt weint er, sie alle weinen; einen süßeren Kummer,
den ich nie sehe , noch einen, der mutiger
als sein Kummer wurde; Dein Wille mit uns?

*Pol.* Große Dame, [ *holt den Kelch heraus.*
Ausgezeichnete Schönheit.

*Kal.* Er spricht gut.
Was für ein seltener Rhetoriker ist sein Kummer !
Dieser Stopp war bewundernswert.

*Pol.* Siehe, siehe, Prinzessin,
Du große Herrscherin aller Herzen.

*Cal.* Ich habe es gefunden,
O wie meine Seele bebt!

*Pol.* Seht, seht das edle Herz
dessen, der der Edelste war. Seht und rühmt euch (wie der stolze Gott
selbst) in dem, was ihr gekauft habt .
Seht das Herz von *Memnon* : Erschreckt es euch?

*Cal.* Gute Götter, was hat seine Wildheit angerichtet?

*Pol.* Schauen Sie kühn ,
Sie haben gesagt , Sie haben es gewagt, schauen Sie, elende Frau,
Nein , fliegen Sie nicht zurück, schöne Torheit , jetzt ist es zu spät,
Tugend und blühende Ehre verbluten hier.
Nehmen Sie es, das Vermächtnis der Liebe, das Sie hinterlassen haben ,
der grausamen Liebe ein grausames Vermächtnis ;
Welcher Wille hat es damals bewirkt? Kannst du weinen?
Balsamiere es in deinen wahrsten Tränen.
Wenn Frauen eine Wahrheit weinen können oder jemals ein Kummer in die
Seele deines Geschlechts eingedrungen ist, denn es ist ein Juwel, dessen
Wert die Welt nicht belasten kann, Nimm es, Lady; Und mit all dem (ich
wage es nicht zu verfluchen) meine Sorgen, und mögen sie sich den

Schlangen zuwenden.

*Eumen* . Wie sie
ihn immer noch ansieht! Sehen Sie, jetzt stiehlt eine Träne von ihr.

*2 Kapitän.* Aber sie behält immer noch ihren Blick fest.

*Pol.* Lesen Sie als Nächstes Folgendes:
Aber da ich sehe, dass Ihr Geist etwas beunruhigt ist,
werde ich es tun Tu es für dich.

*2 Kapitän* Sie sieht ihn immer noch hauptsächlich an .

*Sei frohes Herz, denn du sollst
in ihr
begraben liegen, für die ich sterbe . Beispiel ihrer Grausamkeit.*

*Sag ihr, wenn sie die Gelegenheit hat,
mich wegen der Langsamkeit in ihrem Stolz zu tadeln
, dass ich für sie gestorben bin.*

*Wenn eine Träne aus ihrem Auge entweicht
, dann nicht für mein Andenken,
sondern für dein Recht auf Unterwürfigkeit.*

*Der Altar war meine liebende Brust,
mein Herz das geopferte Tier
und ich selbst war der Priester.*

*Dein Körper war der heilige Schrein,
dein grausamer Geist die göttliche Macht,
erfreut über die Herzen der Menschen, nicht der Kühe .*

*Eumen* . Jetzt regnet es.

*Pol.* Ich mag es rarelie : Lady .

*Eumen* . Wie gierig verschlingt sie seine Sprache!

*2 Kapitän.* Ihr Auge ruht auf ihm.

*Pol.* Grausame Dame ,
großartig wie deine Schönheit verächtlich ; Hätte deine Macht
Aber gleiche Ausgeglichenheit auf allen Herzen, alle Herzen gehen nicht

zugrunde ;
Aber *Amor* hat mehr Pfeile als einen, auch mehr Flammen,
und jetzt muss er offene Augen haben , es ist Gerechtigkeit:
Lebe, um deine Sehnsucht zu genießen ; Lebe und lache über
die Verluste und das Elend, das wir erleiden. Lebe, um gesprochen zu
werden, wenn deine Grausamkeit alle
Tugenden dieses Königreichs
abgeschnitten hat Ehre auf Erden und treuer Dienst.

*Kal.* Ich schwöre, seine Wut ist großartig.

*Pol.* Wahrheit und am meisten erprobte Liebe
In Verachtung und Untergang.

*Calis* . Noch erfreulicher.

*Pol.* Lebe, dann sage ich, berühmt für zivile Massaker,
Lebe und präsentiere deine Triumphe, vergolde deinen Ruhm,
Lebe und lass dich sagen, das ist sie, diese Dame ,
diese edle Dame , und doch die tödlichste Schönheit ;
Dies mit den beiden scharfen Augen, dem Herzen für Härte, die
Felsen übertrifft; und Kälte, Felsen aus Kristall. Dies mit der
anschwellenden Seele, schüchterner in der Werbung als das stolze Meer,
wenn die Ufer ihn umarmen; lebe, bis die Mütter dich finden, lies deine
Geschichte und säe ihre unfruchtbaren Flüche auf deine Schönheit, bis
diejenigen, die das tun Ich habe ihre Liebe genossen, die ihr verachtet,
bis die Jungfrauen gegen euch beten, das Alter euch findet, und so wie
verschwendete Kohlen in ihrem Sterben glühen, so mögen die Götter euch
in eurer Asche belohnen: Aber ihr seid die Schwester meines Königs; Noch
mehr Prophezeiungen
, sonst würde ich von euch sprechen, wahre Lieben und Treue. Segnet euch
für immer; also verlasse ich euch.

*Kal.* Sei zornig, immer noch junger Mann: Guter Herr,
tadele mich noch einmal, worüber würde sich dieser Mann freuen ,
der in seiner Leidenschaft Seelen verzaubern kann? bleiben.

*Eumen* . Bei meinem Leben liebt sie ihn.

*Calis* . Bete, bleib.

*Pol.* Nr.

*Cal.* Ich befehle es dir.

*Pol.* Nein, das könnt ihr nicht, Lady ,
ich habe einen Zauber gegen euch, Glaube und Vernunft, ihr seid zu
schwach, um mich zu erreichen: Ich habe auch ein Herz, aber nicht für
Falkenfleisch , Lady .

*Kal.* Auch für die Nächstenliebe
lass mich nicht so betrübt sein: Du kannst mich lehren.

*Pol.* Wie können Sie diese Nächstenliebe anderen predigen
, die in Ihrer eigenen Seele ein Atheist sind und weder an Macht noch an
Angst glauben? Ich bemühe euch, die Götter seien euch gnädig.

*Kal.* Amen.

*Lucip* . Meine Dame . [ *Sie flucht.*

*C* [ *l* ] *e.* O königliche Frau, meine Herren, um Himmels willen. { *Sie
kommen
zurück.*

*Pol.* Geben Sie ihr frische Luft, sie kommt wieder: Weg, meine Herren.
Und bleiben Sie hier, bis wir die Arbeit bemerken.

*Eumen* . Ihr habt alles rückgängig gemacht.

*Pol.* Also fürchte ich.

*2 Kapitän.* Sie liebt dich.

*Eumen* . Und dann gingen alle Hoffnungen auf diese Weise verloren.

*Pol.* Frieden erhebt sie.

*Sauber.* Nun zu meinem Zweck, Fortune.

*Calis* . Wo ist der Herr?

*Lucip* . Weg, meine Dame.

*Calis* . Warum weg?

*Lucip* . Hat Der Versand ist nicht seine Sache.

*Calis* . Er kam, um mit mir zu sprechen,
das tat er.

*Sauber.* Er hat nicht.

*Calis* . Denn ich hatte viele Fragen.

*Lucip* . Bei meinem Glauben, meine Dame, er
redet nicht lange mit Ihnen.

*Calis* . Du begreifst es nicht,
Er redet nicht, wie er tun sollte ; O mein Herz
Weg mit diesem traurigen Anblick; Hast du mich geliebt?

*Lucip* . Warum stellen Sie diese Frage?

*Calis* . Wenn du es tätest
: Lauf, lauf, Mädchen, lauf: Nein, sieh, wie du dich bewegst .

*Lucip* . Wohin?

*Calis* . Wenn du dir
irgendetwas gönnen wolltest, würdest du zum Teufel

laufen ; aber ich bin erwachsen – *rein.* Pfui, Lady.

*Cal.* Ich verlange nichts von deinem Glück, noch von deiner Liebe.
Ich lasse nicht von deinen sehnsüchtigen Wünschen nach, du bist doch
nicht in alle Menschen verliebt, nicht wahr? einer aus Schande. Du wirst
deine Ehren verlassen Mistris ? Warum starrst du so?
Was seht ihr an mir, sagt es mir? Herr, was bin ich geworden? Ich bin mir
nicht ganz sicher,
der Himmel bewahre das vor mir: O *Reiner,* hilf mir,
sonst versinke ich zu Tode.

*Cle.* Ihr habt mächtig beleidigt, die Liebe ist ein Zorn gegen euch,
und deshalb nehmt meinen Rat zum Tempel an, denn das ist der schnellste
Weg: vor der Göttin. Bittet eure reumütigen Gebete: bittet sie um ihren
Willen, und folgt eurem Urteil vom Orakel, sie ist milde und barmherzig .

*Calis* . Ich will: O *Venus,*

so wie du dich selbst

liebst ! *Sauber.* Nun zu meinem Vermögen. [ *Exeunt* Cal. *und Frauen.*

*Pol.* Was soll ich tun ?

*1 Kapitän.* Warum machen du selbst .

*Pol.* Ich wage es nicht,
nein, meine Herren, ich wage es nicht, ein Bösewicht zu sein, auch wenn
ihre strahlende Schönheit einen Engel verführen würde. Ich werde dem
König meine letzte Hoffnung geben: Besorge ihm eine Frau,
wie wir zuvor geschlussfolgert haben: und während du vorbeigehst, sind die
Spartaner drin Waffen; und schrecklich;
Und lassen Sie einige Briefe zu diesem Zweck auch
vortäuschen und an Sie senden, auch einige Posts an den General;
Und lass mich arbeiten: Sei immer noch neben ihm.

*Eumen .* Das werden wir tun, Sir.

*Pol.* Lebe wohl : und bete für alle: Was auch immer , ich werde
es tun und auf ein gerechtes Ende hoffen.

*Eumen .* Die Götter beschleunigen euch. [ *Ausgehen .*
Stremon , *Narr, Junge und Diener treten auf .*

*Diener.* Er liegt still.

*Strem .* Lasst ihn ruhen, und wie ich euch gesagt habe,
macht euch bereit für dieses Schauspiel: Er hat schon zu verschiedenen
Zeiten
*Orpheus* angerufen, um zu erscheinen und die
Freuden zu zeigen : Jetzt werde ich dieser *Orpheus sein* ,
und während ich spiele und singe, wie Tiere und Bäume, wollte ich Ich
möchte, dass du es tust und hineingehst: Du bist ein Hund, Narr, ich habe
deine
Suten umhergeschickt : der Junge ein Busch,
ein Esel du, du ein Löwe.

*Narr.* Ich bin ein Hund?
Ich werde dich für einen Hund fit machen. Verbeuge dich wow.

*Strem .* Es ist ausgezeichnet.

Schleichen Sie sich ein und machen Sie keinen Lärm.

*Narr.* Verbeuge dich wow.

*Strem* . Weg Schurke. [ *Ausgehen* .

*Treten Sie ein , Priesterin, und* Chilax .

*Priester.* Guter süßer Freund, es dauert nicht lange.

*Chi.* Du denkst jede Stunde zehn
, bis ich aufgespürt werde.

*Prie* . Du weißt, ich liebe dich.

*Chi.* Ich werde nicht länger als eine Stunde bleiben; Halte dein Gewand bereit
und behalte die Tür. { *Klopf* . Reinigen Sie
*die Stöße im Inneren* .

*Prie* . Wer klopft da?
Noch mehr Geschäfte?

*Eingeben* Reinigen .

*Chi.* Habt ihr noch mehr Rentner? die Prinzessinfrau?
Nein, dann bleib ich noch ein bisschen, was für ein Spiel ist jetzt ein Fuß?

*Sauber.* Jetzt ist die Zeit.

*Chi.* Auch diese Hand ist ein übler Trottel,
sie zermahlt beide Seiten: Hey Jungs .

*Priester.* Wie, dein Bruder *Siphax* ?
Liebt er die Prinzessin?

*Cle.* Deadlie , und Sie wissen, dass
er ein Edelmann ist, der von einem Gentleman abstammt .

*Chi. Aber ein* Schurke wie immer .

*Cle.* Warte, Mutter,
hier ist noch mehr Gold und ein paar Juwelen .

*Chi.* Hier ist keine Bösartigkeit ,

ich bin froh, dass ich zur Anhörung gekommen bin.

*Priester.* Ach, Tochter,
was willst du von mir ?

*Chi.* Halte dich zurück, du alte Hure;
Es kommt noch mehr Gold; Alles gehört mir, alles.

*Cle.* Schreckt ihr jetzt zurück?
Habt ihr nicht treu versprochen und mir gesagt, dass es keine Gefahr gibt?

*Pri* . Alles, was ich durchqueren kann.

*Cle.* Ihr sollt und leicht, ohne die Sünde zu sehen,
Hier ist eine bessere Stola und eine neue Vail-Mutter:
Kommt, ihr sollt mein Freund sein.

*Chi.* Wenn alles zuschlägt, häng mich auf,
ich werde dich reicher machen als die Göttin.

*Pri* . Sag dann:
Ich gehöre dir, was muss ich tun ?

*Cle.* Am ersten Morgen
aber wird die Prinzessin sehr früh den Tempel der Göttin besuchen und
von seltsamen Dingen geplagt werden, die sie ablenken: Vom Orakel (da sie
zu stark verliebt ist) wird sie das Vergnügen der Göttin und einen Mann
verlangen, der sie heilt Orakel, das du gibst: Beschreibe meinen Bruder ,
du kennst ihn perfekt.

*Pri* . Ich habe ihn oft gesehen.

*Cle.* Und befiehl ihr, den nächsten Mann mitzunehmen, mit dem sie sich
treffen wird.
Wenn sie herauskommt: Du verstehst mich.

*Priester.* Also.

*Cle.* An welchem soll er teilnehmen; Das ist alles,
und leicht und ohne Verdacht zu Ende, und niemand wagt es, ungehorsam
zu sein, es ist der Himmel, der es tut, und wer wagt es dann, darüber
hinwegzugehen oder es einmal zu ahnen? Das Wagnis ist am einfachsten .

*Pri* . Ich werde es tun .

*Cle.* Wie wird es euch gelingen?

*Pri* . Wie es mir gelingen wird.

*Cle.* Nimm auch dies und lebe wohl ; aber höre zuerst hierher.

*Chi. Was ist das für eine junge Hure, die ihren* Mistris verrät ?
Tausend Hahnrei soll dieser Ehemann sein, der dich heiratet, du bist so
schelmisch.
Ich werde einen Spuk zwischen deine Räder legen .

*Sauber.* Seien Sie konstant.

*Priester.* Es ist fertig.

*Chi.* Dann mache ich keinen Dropshot mehr. [ *Verlassen* Chilax .

*Pri* . Abschiedsmädchen . [ *Verlassen Priester und* Reinigen .

---

# Actus Quartus. Scena Prima.

*Betreten Sie einen Diener und* Stremon *an der Tür.*

*Diener.* Er rührt sich, er rührt sich.

*Strem* . Lass ihn, ich bin bereit für ihn,
er wird heute nicht zugrunde gehen, wenn seine Leidenschaften mit Musik
genährt werden ; Sind sie bereit?

*Auftritt* Memnon.

*Ser.* Alles, alles: Sehen Sie, wo er herkommt.

*Strem* . Ich werde ehrlich zu ihm sein. [ *Verlassen* Stremon .

Eumenes *und Kapitäne treten auf* .

*Ser.* Wie traurig und mürrisch er aussieht! [ *Stellen Sie sich nah.*
Hier sind die Kapitäne : Meine Angst ist jetzt vorbei.

*Mem.* Setzen Sie den Fall in die andere Welt.
Sie liebt mich auch nicht? Ich bin alt, das ist sicher.

*Eumen* . Sein Geist ist etwas ruhiger.

*Mem.* Mein Blut ist verloren und meine Glieder sind steif; Meine Umarmungen
sind wie die kalte, störrische Rinde, graubraun und hitzelos.
Meine Worte sind schlimmer: nur mein Ruhm und meine Erfolge
, die meine Stärke, mein Blut, meine Jugend, meine Mode sind. Ich muss sie
umwerben , sie gewinnen, sie heiraten; das ist nur Wind,
und Frauen werden nicht mit Schatten zu Bett gebracht: Ich tue ihr
Unrecht, viel Unrecht; Sie ist jung und gesegnet, süß wie der Frühling und
wie seine Blüten zart, und ich, ein stechender Nordwind, mein Kopf hängt
von Hagel und Frost Isicles : Sind es auch die Seelen,
wenn sie lahm, alt und lieblos von hier fortgehen?
Ich bin mir nicht sicher, es ist dort immer Jugend; Zeit und Tod
Folgen Sie unserem Fleisch nicht mehr: und die erzwungene Meinung
, dass Geister kein Geschlecht haben, glaube ich nicht.

Stremon *tritt auf , wie* Orpheus.

Es muss Liebe geben, es gibt Liebe: Was bist du?

## LIED.

*Stre . Ich bin Orpheus, komme aus der Tiefe,*
*um dir, dem liebenden Menschen, die Plagen der Liebe zu zeigen:*
*Zu den schönen Feldern, wo die ewige Liebe wohnt.*
*Es gibt niemanden, der kommt, aber zuerst gehen sie durch die Hölle:*
*Horch und hüte dich, es sei denn, du hast geliebt Niemals,*
*Geliebter , du wirst diese Freuden nie wiedersehen.*

*Hören Sie, wie sie stöhnen , weil sie verzweifelt*
*sind . O, seien Sie dann aufmerksam:*
*Hören Sie, wie sie wegen allzu großer Wagemut heulen.*
*Das waren alles Männer.*

*Diejenigen, die Narren sind und nach Ruhm streben,*
*verlieren ihren Namen;*
*Und diejenigen, die*
*bluten, hören, wie sie rasen.*

*Mal in kaltem Frost, mal in sengenden Feuern*
*sitzen sie und verfluchen ihre verlorenen Wünsche:*
*Auch diese Seelen werden nicht frei von Schmerzen und Ängsten sein,*
*bis Frauen sie in ihren Tränen hinübertragen.*

*Mem.* Woher soll ich wissen, dass mir meine Passage verweigert wird ?
Oder welcher aller Teufel wagt es?

*Eumen .* Dieses Lied
wurde selten so geformt , dass es zu ihm passte.

## LIED.

Orph . *Charon O Charon,*
*Du schwebst über die Seelen, ob sie glücken oder verfluchen sollen.*

Cha. *Wer nennt den Fährmann der Hölle?*

Orph . *Komm näher*
*und sag, wer in Freude und wer in Angst lebt .*

Cha. *Denen, die gut färben, wird ewige Freude folgen;*
*Diejenigen, die krank werden, werden von ihrem eigenen Schicksal verschlungen.*

Orph . *Soll deine schwarze Rinde jene schuldigen Geister beherbergen,*
*die sich aus Liebe umbringen?*

Cha. *O nein, nein,*
*mein Tauwerk bricht, wenn solch große Sünden nahe sind, kein Wind weht schön, noch*
*ich selbst kann steuern .*

Orph . *Welche Liebenden passieren und in Elyzium regieren ?*

Cha. *Diese sanften Lieben, die wieder geliebt werden .*

Orph . *Dieser Souldier liebt und würde gern gewinnen.*
*Soll er weitermachen ?*

Cha. *Nein, das ist eine allzu schlimme Sünde.*
*Er darf nicht an Bord kommen: Ich wage nicht zu rudern, Stürme der Verzweiflung*
*und schuldiges Blut werden wehen.*

Orph . *Wird ihn die Zeit etwa freilassen?*

Cha. *Nein nein Nein Nein.*
*Weder die Zeit noch der Tod können uns verändern, noch das Gebet. Mein Boot ist*
*Schicksal , und wer wagt es dann*
*, wenn nicht die Ernannten an Bord kommen? Lebe still und liebe aus Vernunft,*
*Sterblicher, nicht aus Willen.*

Orph . *Und wenn deine Mistris deine Augen schließen,*

Cha. *Dann komm an Bord und passiere,*

Orph . *Bis wann sei weise.*

Cha. *Bis wann sei weise.*

*Eumen .* Wie still er sitzt: Ich hoffe, dieses Lied hat ihn beruhigt .

*1 Kapitän.* Er beißt sich auf die Lippe und rudert Seine feurigen Augen, und doch
fürchte ich mich um all das –

*2 Kapitän. Stremon* wendet sich immer noch an ihn.

*Strem .* Gib mir mehr Raum, süßer Schlag, göttlich.
Solche Belastungen , wie sich die alte Erde bewegt.

*Orph .* Die Macht, die ich über Tiere und Pflanzen habe,
Du Mensch allein verspürst den elendsten Mangel. [ *Musikk .*
Schlage dich seltene Geister, die meinem Willen folgen,
und verliere deine wilde Wildheit durch meine Geschicklichkeit.

*Betreten Sie eine* Maske *der* Bestien.

Dieser Löwe war ein Kriegsmann, der starb,
wie du es tun würdest, um seinen Damenstolz zu vergolden:
Dieser Hund, ein Narr, der sich aus Liebe erhängte: Dieser Affe, der täglich
einen Handschuh umarmte, vergaß zu essen und starb. Dieser schöne
Baum, ein Platzanweiser, der noch vor seiner Frau wuchs ,
verdorrte an der Wurzel. Dies, denn er konnte nicht umwerben ,
ein murrender Anwalt: dieser genervte Vogel, ein Page,
der schmolz, weil er altern wollte. Noch immer heulen diese Laugen am stygischen Ufer,
oh liebe nicht mehr, oh liebe nicht mehr. [ Memnon

*verlassen . Eumen .* Er stiehlt sich schweigend davon, als ob er schlafen würde.
Nicht mehr, aber seien alle in seiner Nähe, füttere seine Fantasie ,
guter *Stremon,* immer noch; das könnte seine Torheit einsperren .
Doch der Himmel weiß, dass ich große Angst vor ihm habe; leise weg. [
*Verlassen Sie die Kapitäne.*

*Narr.* Habe ich es nicht mit aller Hartnäckigkeit getan?

*Strem* . Am seltensten .

*Narr.* Er ist ein mutiger Mann. Wann werden wir wieder auf die Barrikaden
gehen?

*Junge.* Mach mich zuerst los, um Himmels willen,

*Narr.* Hilf dem Jungen; Er ist in einem Wald, armes Kind: Guter Schatz
Stremon
Lass uns einen Bären hetzen; Ihr werdet mich spielen sehen, den seltensten
für einen einzelnen Hund: an der Spitze aller; und wenn ich nicht
unsterblichen Ruhm gewinne ,
spiele den Hund, spiele den Teufel.

*Strem* . Frieden für diese Zeit.

*Narr.* Prethee
Lasst uns ihm ein schwarzes Santis singen , dann lasst uns alle
mit unseren eigenen tierischen Stimmen heulen; Baum, behalte deine Zeit,
Untye dort; Verbeuge dich, wow, wow.

*Strem* . Weg, ihr Arsch, weg.

*Narr.* Warum sollten wir etwas
tun , um den Herrn zufrieden zu stellen ? Er ist verrückt.
Ein Gentleman-artiger Humor und in Mode,
und Männer müssen genauso verrückt nach ihm sein.

*Strem* . Frieden,
und komm schnell , es ist zehn zu eins, sonst wird
er einen Stab finden, um einen Hund zu schlagen; Keine Worte mehr,
ich werde euch alle beauftragen ; weich, insgesamt weich. [ *Ausgehen.*

Chilax *und* Cloe *treten auf* .

*Chi.* Wann kamst du über die Dirne?

*Clo* . Aber heute Abend,
und seitdem ich auf Siphax *aufgepasst habe* ,
hätte er mich sicher angeschaut Hat er noch ein paar andere Mistris
bekommen
?

*Chi.* Tausend, Mädchen, tausend.
Sie sind hier so häufig wie Raupen
. Unter dem Mais fressen sie alle Souldiers auf .

*Clo* . Sind sie so hungrig? Doch wenn sie es zulassen [ *C* ] *hilax* ,
werde ich auch einen Schnappschuss haben.

*Chi.* Liebst du ihn immer noch, Mädchen?

*Clo* . Warum sollte ich nicht? Er hatte mein Jungfrauenhaupt
und meine ganze Jugend.

*Chi.* Du bist am glücklichsten gekommen,
in der gesegnetsten Zeit, süßes Mädchen, das Stärkste, wenn du es wagst ,
dein Glück zu machen: bei diesem Licht, *Cloe* ,
und so werde ich dich küssen; und wenn du mich nur lassen willst,
denn es ist gut eine Freundlichkeit wert.

*Clo* . Was soll ich dir erlauben?

*Chi.* Viel Spaß mit deinem Miniken .

*Clo* . Du bist immer noch der alte *Chilax* .

*Chi.* Immer noch still und wird es immer sein: Wenn du, sage ich,
nicht zuschlägst , kann ich nicht viel Schaden anrichten, Mädchen.

*Clo* . Auch nicht viel Gutes.

*Chi. Siphax* soll dein Ehemann sein,
deine eigentliche Ehemannfrau, dein Narr, dein Hahnrei, oder was du zu
ihm machen willst: Ich bin überglücklich , Ravisht
, reiner Ravisht mit diesem Vermögen; Küss mich,
sonst verliere ich mich selbst.

*Clo* . Mein Mann hat gesagt?

*Chi.* Sagte ich? und wird sagen: „*Cloe* : Nein, und tu es.
Und mach es auch zu Hause." Halte dich so nah an ihn wie Vögel mit einer
Nadel aneinander. Ich habe es, ich kann es tun: Du willst auch Kleidung,
und er wird gehängt , wenn er dich
nicht heiratet . Er wird dich ernähren: jetzt er hat Damen, Höflinge,

mehr als sein Rücken sich beugen kann, Scharen; wir werden für
Dreschmaschinen gehalten, wollt ihr beißen?

*Clo* . Ja.

*Chi.* Und lass mich –

*Clo* . Ja und lasst euch –

*Chi.* Was!

*Clo* . Warum habt ihr darüber geweint ?

*Chi.* Ich kann nicht bleiben, deine Anweisungen annehmen
und etwas für den Haushalt tun , komm, was auch immer
ich dir raten werde, befolge es genau ,
und halte deine Zeiten ein, die ich dir sage; denn ich werde dir sagen,
dass du durch einen seltsamen Weg waten musst.

*Clo* . Fürchten Sie sich nicht vor mir, Sir.

*Chi.* Dann komm und lass uns dieses Kleingeld abschicken,
denn ich habe nur eine Stunde zu bleiben, eine kurze, außerdem mehr
Wasser für eine andere Mühle, für einen alten, schwachen Überschuss muss
ich sorgen, da ist ein altes Nonnenkloster in der Nähe.

*Clo* . Was ist das?

*Chi.* Ein Bawdie- Haus.

*Clo* . Pocken verzehren es.

*Chi.* Wenn die Steine, auf denen es gebaut ist,
nur so spröde wären, wie das Fleisch darin lebt,
kam Dein Fluch sehr gut : Fürchte dich nicht, es gibt meine Damen,
Und andere gute, traurige Menschen: Dein kleiner Bürger.
Denke, es sei keine Schande, dort ein Laken zu schütteln: Komm, Mädchen
. [*Ausgehen.*

Cleanthe *und* Siphax *treten auf*.

*Sauber.* Ein Souldier und so ängstlich ?

*Siph* . Kannst du mir die Schuld geben?

Wenn solch eine Last auf mir liegt?

*Sauber.* Pfui ,
ich sage euch, ihr sollt sie haben: Habt sie sicher und
für eure Frau mit ihrem eigenen Willen.

*Siph* . Gute Schwester –

*Cle.* Was bist du doch für ein misstrauischer Mann! morgen ,
morgen

früh – *Siph* . Ist es möglich?
Kann es so ein Glück geben?

*Sauber.* Warum hängst du mich
, wenn du dann nicht verheiratet bist? Wenn du es morgen Abend
nicht

tust – *Siph* . O liebe Schwester –

*Rein.* Was du tun würdest , was du
tun möchtest ; liege bei ihr: Teufel,
was bist du für ein langweiliger Mann!

*Siph* . Nein, ich glaube jetzt,
und soll sie mich lieben?

*Sauber.* Wie ihr Leben und streichelt euch.

*Siph* . OIch werde ihr Diener sein.

*Sauber.* Es ist deine Pflicht .

*Siph* . Und sie soll ihren ganzen Willen haben.

*Sauber.* Ja , das ist der Grund, dass
sie eine Prinzessin ist und dieser Regel zufolge keine Grenzen gesetzt sind.

*Si.* Was wärst du? denn ich möchte , dass deine Schwester
etwas Großartiges bei uns wählt, da ihre Frau
nicht so fit ist.

*Sauber.* Nein, nein, ich werde Orte finden.

*Siph* . *Und doch* halte ich es auch nicht für geeignet, eine Dame ihres Schlafzimmers
zu sein . Auf einen großen Titel, glauben Sie es, wird man nicht achten .

*Sauber.* Ja, eine Holländerin
oder so ein Spielzeug , eine Kleinigkeit gefällt mir, Sir.

*Schluck.* Was du willst, Schwester: Wenn ein benachbarter Prinz,
wann wir kommen, um zu regieren —

*sauber.* Wir werden darüber nachdenken :
Seien Sie zu gegebener Zeit und an diesem Ort bereit, und lassen Sie mich
den Rest innerhalb dieser halben Stunde erledigen. Die Prinzessin wird
gehen, es ist fast Morgen, und sich um Ihre Angelegenheiten kümmern.

*Siph* . Das Glück segne uns. [*Ausgehen.*

*König,* Polydor *und Lords treten auf.*

*Pol.* Ich flehe deine Gnade an, mich zu verbannen.

*König.* Warum, Herr, ist sie keine Ehe wert?

*Pol.* Äußerst würdig, Herr, wo der Wert ihr wieder begegnen wird.
Aber ich mag dicke Wolken, die langsam und schwer segeln. Obwohl sie
von ihr höher gezogen werden, werden sie sie doch verbergen. Ich wage es
nicht, ein Verräter zu sein. und es ist Verrat, aber stellen Sie sich vor: Wie
Sie Ihre Ehre lieben —

*König.* Es ist ihre erste Verliebtheit in ein Mädchen, und wenn sie scheiße ist
,
weiß ich, dass es sie umbringt.

*1 Herr.* Woher weiß deine Gnade, dass sie ihn liebt?

*König.* Ihre Frau erzählte mir alles (außer seiner Geschichte),
ihre Zofe *Lucippe* , auch aus welchem Grund,
und es war mehr als nur Vergnügen.

*Polydor.* Herr,
selbst durch Ihre Weisheit; Durch diese große Diskretion schuldet ihr
Herrschaft und Ordnung —

*2 Herr.* Dieser Mann ist wahnsinnig sicher,
gegen sein Vermögen zu plädieren –

*1 Herr.* Und der König auch,
Will es so haben!

*Pol.* Bei diesen toten Fürsten,
deren Abstammung euch wie ein Stern bewundert , lasst eure
Tugenden nicht so gering schätzen ;
Hütet euch, um der Ehre willen, achtet auf den Brombeerstrauch, den
kein weiser Mann je an der Rose gepflanzt hat, er verdirbt all ihre
Schönheit; noch die RebeWenn ihr volles Erröten die Sonne umwirbt, wagt
es irgendjemand, mit mutwilligem Efeu zu ersticken: Meine Herren, wer
baut ein Denkmal, den Basis-Jaspis und den Hauptkörper aus Ziegeln?

*2 Herr.* Ihr verfehlt euren Wert,
ihr seid ein Gentleman von edler Abstammung.

*1 Herr.* In beiden Blutsverwandten wirklich edel.

*König.* Sagt, ihr wärt es nicht,
mein Wille kann euch dazu bringen.

*Pol.* Nein, niemals, niemals;
Es liegt nicht an der Abstammung, noch am Willen der Fürsten. Es ist die
Tugend , die ich will, es ist Mäßigkeit,
Mann, ehrlicher Mann: Ist es nicht angebracht, dass Eure Majestät
meine Trunkenheit, meine Unbesonnenheit nennen sollte, Bruder? Oder
solch ein gesegnetes Mädchen mein Glaubensbruch (Denn ich bin äußerst
lasziv) und böser Zorn, in dem ich auch boshaft bin, ihr Ehemann? O
Götter bewahre sie! Ich bin wild wie der Winter, ehrgeizig wie der Teufel:
Ich hasse mich selbst , Sir, wenn Sie es wagen, sie
einem Subjekt zu verleihen, haben Sie eines, das sie verdient.

*König.* Aber ihn liebt sie nicht: Ich weiß, was du meinst.
So jung Die Liebe des Menschen zu seinem edlen Bruder
erscheint wie ein Spiegel ; Was muss jetzt getan werden, meine Herren?
Denn ich bin am Boden zerstört , wenn sie ihn nicht hat.
Sie wird mit Sicherheit sterben, wenn sein Bruder sie vermisst.
Lebe wohl von ihm und all unsere Ehren .

*1 Herr.* Er ist tot, Sir.
Euer Gnaden haben davon gehört, und zwar seltsamerweise.

*König.* Nein,
ich kann Ihnen versichern, nein, es war ein Trick dabei .
Lesen Sie das und wissen Sie dann alles; Was fehlt dem Gentleman? Halten
Sie ihn; Wie geht es Ihnen, Sir? [Polydor *ist plötzlich krank .*

*Pol.* Plötzlich krank ,
extrem krank, wundersam krank.

*König.* Wohin hat es dich geführt?

*Pol.* Hier in meinem Kopf, Sir, und in meinem Herzen, um Himmels willen.

*König.* Bringen Sie ihn sofort in seine Kammer
und bitten Sie meine Ärzte –

*Pol.* Nein, mir wird es gut gehen, Herr,
ich flehe um Ihre Gnade, auch um der Götter willen. Denken Sie an meinen
armen Bruder, dann werde ich beten.

*König.* Wenn er weg ist, wird er noch schwächer : Ich werde es tun,
sonst vergisst mich der Himmel für immer. Nun Ihre Ratschläge, [ *Bsp.* Pol.
Denn ich bin am Ende meiner Weisheit; Was ist mit Ihnen, Sir?

*Geben Sie* Messenger *mit einem Brief ein.*

*Durcheinander.* Briefe des kriegerischen *Pelius* .

*König.* Noch mehr Probleme?
Die *Spartaner* sind in Waffen und wollen alles gewinnen.
Es werden Vorräte geholt, und der General. Das ist ärgerlicher als alles
andere . Kommt, lasst uns zu ihm gehen,
denn er muss sie haben, das ist eine Notwendigkeit, oder wir müssen unsere
Ehre verlieren , lasst uns alle bitten,
denn mehr als alles nötig ist, zeige alle Vernunft. Wenn die Liebe von dieser
Seite hören kann, wenn sie nachgibt ,
haben wir gekämpft am besten und gewann das edelste Feld. [ *Ausgehen.*

Eumenes , *Kapitäne,* Stremon *treten auf .*

*1 Kappe.* Ich habe das Mädchen mitgebracht, ein lustvolles Mädchen,
und ein bisschen wie die Prinzessin.

*Eumen .* Es ist besser, lass uns sie sehen,
und geh rein und sag ihm, dass ihre Gnade gekommen ist, um ihn zu

besuchen: Wie schläft er, *Stremon* ?

*Stre* . Er kann es nicht, denkt nur und ruft *Polydor an* . Er
schwört , dass er sich nicht täuschen lässt ; Manchmal tobt er,
und manchmal sitzt er da und sinniert. [ *Verlassen* Stremon .


*Betreten Sie* Whore *und* Captain.

*Eume* . Er ist über alle Hilfe hinaus, sicher?
Wie gefällt sie dir?

*2 Kapitän.* In der Masse eine schöne runde Jungfrau,
und auf den ersten Blick ähnlich, ist sie auch gut gekleidet .

*Eume* . Aber ist sie gesund?

*2 Kap.* Von Wind und Gliedmaßen garantiere ich ihr.

*Eume* . Sind Sie informiert, Lady?

*WHO.* Ja, und wissen Sie, Sir,
wie ich mich verhalten soll , keine Angst.

*Eume* . *Polybios* :
Woher hat er dieses Ungeziefer?

*1 Kapitän.* Hängen Sie ihn auf, Dachs.
Es
gibt kein Loch frei von ihm, Huren und Hurenkameraden . Erweisen Sie
ihm alle Gehorsam.

*Eume* . Wahrlich , während des Krieges
war sein Viertel ganz Hure, Hure auf Hure, und gesäumt von Hure;
beschimpfte mich, das ist eine schöne Hure.

*1 Kapitän* Sie hat ihr Blut vergossen ; aber schön oder schlecht,
oder blind oder lahm, die nur ihr Bein heben kann, kommt ihm nicht übel,
er reitet wie eine Nachtstute, alle Altersgruppen, alle Religionen.

*Eume* . Kannst du es sagen?

*WHO.* Ich werde eine Veränderung vornehmen.

*Eume* . Er muss bei Euch liegen, Lady.

*WHO.* Lass ihn, er ist nicht der erste Mann, mit dem ich gelegen habe,
und wird auch nicht der letzte sein.

*Auftritt* Memnon.

*2 Kapitän* Er kommt, keine Worte mehr,
Sie hat ihre Lektion gründlich ; wie er sie sieht!

*Eumen* . Gehen Sie jetzt vorwärts, also stehen Sie mutig auf!

*Mem.* Große Dame,
wie demütig bin ich gebunden –

*wer.* Sie sollen nicht knien, Herr,
kommen Sie, ich habe Ihnen Unrecht getan; Steh auf, mein Souldier ,
und so mache ich es wieder gut – [ *küsst ihn.*

*Eumen* . Eine Pest verwirrt euch.
Ist das euer Zustand?

*2 Kapitän.* Das ist gut genug.

*Mem.* O Lady,
deine königliche Hand, deine Hand, meine liebste Schönheit, ist mehr, als
ich kaufen muss: Hier Göttlicher, ich wage es, mein Unrecht zu rächen: ha?

*1 Kapitän.* Ein verdammt übler Kerl.

*Eume* . Die Lees von Baudy prewns : Trauerhandschuhe?
Alles vom Himmel

verwöhnt . *Mem.* Ha! Wer bist du?

*2 Kapitän.* Eine Schande für euch,
ihr kratzigen, schorfigen Huren.

*Mem.* Ich sage: Wer bist du?

*Eumen* . Warum ist das die Prinzessin, Sir?

*Mem.* Der Teufel, Sir,
das ist eine Schurkensache .

*WHO.* Wenn dieser Missbrauch Liebe ist, Herr,
oder ich, der meine Bescheidenheit beiseite gelegt hat –

*Eumen .* Bisher hast du es nie gefunden.

*Mem.* Weine nicht,
denn wenn du die Prinzessin bist, werde ich dich lieben, ja, ich werde dich
lieben und ehren , für dich kämpfen.
Komm, wisch dir die Augen ab; Beim Himmel, sie stinkt; Wer bist du?
Stinkt wie eine vergiftete Ratte hinter einem Vorhang?
Frau, wer ist das? wie ein fauler Kohl.

*2 Kapitän* Sie tragen eine große Schuld, Sir, es ist die Prinzessin.

*Mem.* Wie?
Sie ist die Prinzessin?

*Eumen .* Und die liebevolle Prinzessin.

*1 Kapitän* Tatsächlich die spendende Prinzessin.

*Mem.* Kommen Sie noch einmal hierher,
die Prinzessin riecht nach Morgenatem, reiner Bernstein, jenseits der
umworbenen *Indiens* in ihren Gewürzen.
Immer noch eine tote Ratte beim Himmel; Bist du eine Prinzessin?

*Eumen .* Was ist das für eine langweilige Hure!

*Mem.* Ich werde es euch gleich sagen,
denn wenn sie eine Prinzessin ist, wie sie auch sein mag, und doch auch
stinkt, und zwar stark, werde ich sie finden; Holt die *Numidische* Lyon, die
ich herübergebracht habe,
Wenn sie dem königlichen Blut entstammt, die Lyon,
Er wird Verehrst du, sonst –

*Wen?* Ich flehe Eure Lordschaft an –

*Eumen .* Er wird sie in Stücke reißen.

*WHO.* Ich bin keine Prinzessin, Sir.

*Mem.* Wer hat dich hierher gebracht?

*2 Kapitän.* Wenn Sie gestehen, werden wir Sie hängen.

*WHO.* Guter Herr –

*Mem.* Wer bist du dann?

*WHO.* Eine arme, zurückhaltende Hure, Sir,
für einen Ihrer Lordschaftskapitäne.

*Mem.* Ach, arme Hure,
geh, sei noch eine Hure und stinke noch schlimmer: *Ha, ha, ha* . [ *Bsp.* Cloe.
Was sind das für Narren und Coxcombs! [ Memnon

*verlassen* . *Eumen* . Ich bin trotzdem froh, dass
Er es mit so einer Leichtigkeit hinnimmt.

*1 Kappe.* Ich glaube, auch sein Gesicht
ist nicht mehr so getrübt wie es war; wie er aussieht!

*Eume* . Wo ist deine tote Ratte?

*2 Kap.* Der Teufel verzehrte ihre
Lenden; Warum hatte er was für eine Medizin bekommen
, um es mit einer Hure zu versuchen!

*Eingeben* Stremon .

*Stre* . Hier ist einer von *Polydor,* der mit Euch sprechen möchte.

*Eume* . Mit wem?

*Stre* . Mit allen; Wo war der General?
Er lacht extrem vor sich hin .

*Eumen* . Komm,
ich sage dir wie; Ich bin froh, aber er ist so fröhlich. [ *Ausgehen.*

---

# Actus Quintus. Scena Prima.

*Es treten* Chilax *und die Priesterin,* Calis , *die Dame und die Nonne auf.*

*Chi.* Welche Lichter sind diejenigen, die dort eintreten, noch näher?
Pest von deinem faulen Juckreiz, ziehst du mich hierher
in den Tempel, um mich zu verraten? Gab es keinen Ort, an dem du deine
Sünden befriedigen konntest ? Die Götter verzeihen mir,
dennoch kommen sie hervor.

*Priester.* Friede, du Narr, ich habe es gefunden,
es ist die junge Prinzessin *Calis* .

*Chi.* Es ist der Teufel, der uns wegen unseres
Geschwätzes zerkratzt .

*Priester.* Ziehen Sie sich sanft zurück,
ich habe diese zwei Stunden nicht nach Ihnen gesucht, Lady, Beshrew, Sie
haben es geschafft: auf diese Weise. [ *Zu* Chilax .

*Chi.* Das geht zum Altar!
Ihr altes blindes Biest.

*Priester. Ich weiß es* jedenfalls nicht ;
Als sie immer näher kamen,
betrat ich das Orakel.

*Chi.* Das ist gut in Erinnerung Ich schließe mich dir an.

*Priester.* Tun. [ *Verlassen Priester, und* Chilax .

*Betreten Sie* Calis *und ihren Zug mit Lichtern und singen:*
Lucippe , Cleanthe .

## LIED.

*O schöne, süße Göttin, Königin der Liebe,*
*sanft und sanft, wie deine Tauben,*
*demütige Augen , und immer*
*diese armen Herzen zerstörend, ihre Lieben verfolgend:*
*O du Mutter der Freuden,*
*Krönung aller glücklichen Nächte,*
*Stern der teuren Zufriedenheit, und Vergnügen,*
*der gegenseitigen Liebe, der endlose Schatz,*
*Nimm dieses Opfer an, das wir bringen,*
*Du ewige Jugend und Frühling,*
*Gewähre dieser Dame ihre Wünsche,*
*Und jede Stunde werden wir deine Feuer krönen.*

Betreten Sie eine Nonne.

Nonne. *Ihr zieht euch alle zurück,*
*während die Prinzessin das Feuer schürt.*
*Wenn eure Hingabe zu Ende ist ,*
*wende ich mich an das Orakel. Ich werde euch begleiten.*

[ *Verlässt* Nun und zieht den Vorhang nah an *Calis heran* .


*Eingeben* Stremon *und* Eumenes.

*Strem* . Er wird ins Ausland gehen.

*Eumen* . Wie hält ihn sein Humor ?

*Stre* . Er ist jetzt wundersam traurig geworden, weint auch oft,
redet mit sich selbst von seinem Bruder , fängt seltsam an.

*Eumen* . Fluchet er nicht?

*Strem* . Nein.

*Eumen* . Noch in Wut ausbrechen und
einen neuen Versuch anbieten?

*Strem* . Weder; Zum Tempel ist alles, wovon wir jetzt hören: Was er dort
tun wird

—

*Eumen* . Ich hoffe, dass wir seine Torheit bereuen und in seiner Nähe sein
wollen.

*Strem* . Wo sind die anderen?

*Eumen* . Über ein Geschäft, das
ihn hauptsächlich betrifft, wenn der Himmel seinen Wahnsinn heilt,
ist er für immer geschaffen, *Stremon* .

*Strem* . Weiß der König es?

*Eumen* . Ja, und darüber ist er sehr beunruhigt. Er ist jetzt gegangen
, um seine Schwester aufzusuchen .

*Strem* . Dann komm, lass uns weggehen. [ *Ausgehen* Eumen . Strem . Cal.

*Nun tritt ein, sie öffnet den Vorhang* Calis . Calis *beim Orakel.*

*Nonne.* Friede sei mit deinen Gebeten, Herrin, wird es dir gefallen, ihn an das Orakel weiterzugeben?

*Kal.* Höchst bescheiden. [ Chilax *und Priester im Orakel.*

*Chi.* Hörst du das?

*Priester.* Ja, bleib in der Nähe.

*Chi.* Nimmt ein Lauffeuer ,
was soll aus mir werden? Ich werde jetzt
gehängt : Ist das eine Zeit zum Zittern? ein Halfter schütteln Sie,
kommen Sie und jonglieren Sie, kommen Sie.

*Priester.* Ich habe riesengroße Angst.

*Chi.* Steh auf, du alte, klaffende Auster, steh auf und antworte;
Eine schimmelige Räude auf deinen Koteletts, du hast mir gesagt, dass
ich hier in Sicherheit sei, bis die Glocke läutete.

*Priester.* Ich war verhindert
und habe diese drei Stunden nicht nach der Prinzessin gesucht.

*Chi.* Sollen wir mitgenommen werden?

*Priester.* Sprich um Himmels willen, *Chilax* ;
Ich kann es nicht und ich wage es auch nicht.

*Chi.* Ich würde Hochverrat aussprechen, denn ich hätte dafür

gehängt werden müssen . *Priester.* Guter *Chilax* .

*Chi.* Muss es gesungen oder gesagt werden? Was soll ich ihnen sagen ?
Sie sind hier; Hier bereiten wir uns jetzt vor.

*Priester.* O mein Gewissen!

*Chi.* Plage deines angespornten Gewissens, wird es jetzt müde?
Wann sollte es nun am stärksten sein ? Ich könnte dich zum

*Priester machen.* Rette uns, sonst sind wir beide verloren.

*Chi.* Dann lasst euch nieder, Hund.
Seid ruhig und haltet standhaft vor Überschwemmungen.

*Nonne.* Hier knien Sie noch einmal und *Venus* erfüllt Ihre Wünsche.

Calis . *O göttlicher Stern des Himmels,*
*Du in der Macht über den Sieben:*
*Du süßer Anzünder der Wünsche,*
*bis sie zu gegenseitigen Feuern wachsen:*
*Du, oh sanfte Königin, die du die*
*Heilerin jedes verwundeten Herzens bist:*
*Du der Treibstoff und die Flamme;*
*Du im Himmel, und hier dasselbe:*
*Du, der Freier und der Umworbene :*
*Du, der Hunger und die Nahrung:*
*Du, das Gebet und der Betene ;*
*Du, was ist oder gesagt werden soll:*
*Du noch jung und mit goldenen Haaren,*
*Mache mich durch deine Antwort gesegnet.*

*Chi.* Wann?

*Priester.* Jetzt sprich gutaussehend und auf jeden Fall klein,
ich habe dir was gesagt. [ *Donner.*

*Chi.* Aber ich erzähle Ihnen eine neue Geschichte.
Jetzt zu meinem Halsvers; Ich habe deine Gebete erhört und kennzeichne
mich gut.

*Musik .* Venus *steigt herab.*

*Nonne.* Die Göttin ist sehr unzufrieden,
der Tempel bebt und wankt; Sie erscheint, Verbeugung, Dame,
Verbeugung.

*Venus. Säubere mir den Tempel*
*und lebe von nun an nach diesem guten Beispiel.*
*Jungfrau, ich habe deine Tränen gesehen,*
*deine Wünsche und deine Ängste gehört;*
*Dein heiliger Weihrauch flog oben.*
*Horche daher in Liebe auf dein Schicksal.*
*Wäre dein Herz zuerst weich gewesen,*
*jetzt warst du es Deinen Durst gestillt ,*
*Hätte Dein hartnäckiger Wille sich nur gebeugt,*

*All Deine Sorgen wären hier zu Ende;*
*Um also in der Liebe gerecht zu sein,*
*musst du ein seltsames Glück beweisen,*
*und weil du streng und schüchtern warst,*
*wirst du eine tote Liebe genießen.*


*Cal.* O sanfte Göttin!


*Ven.* Erhebe dich, dein Schicksal wird gesagt,
und fürchte dich nicht, ich werde dich mit den Toten erfreuen. [Venus *steigt
auf*.


*Nonne.* Geh hinauf in den Tempel und dort enden
deine heiligen Riten, die Göttin lächelt dir zu. [ *Exeunt* Cal. *und* Nonne.

*Auftritt* Chilax *in seiner Robe.*

*Chi.* Ich werde keine Orakel mehr, keine Wunder,
keine kirchliche Arbeit mehr, ich werde zuerst gezogen und
gehängt . Bin ich nicht vom Donner in Stücke gerissen? Tod, ich kann
kaum glauben, dass ich noch lebe. Es gab mir einen grausamen, gewaltigen
Knall auf den Hintern, ich hatte, als
hätte ich sie gehabt Mit Hundepeitschen
zerkratzt : Sei von nun an still, jetzt spürst du das Ende ,
ich würde euch raten, meine alten Freunde, die gute Edelfrau ist stumm
geworden , und da sitzt ihre Gnade und murmelt
wie ein alter Affe, der eine Muskelmasse frisst; Sicher, die gute Göttin
wusste, dass meine Absicht ehrlich war, die Prinzessin zu retten, und wie
wir junge Männer zur Bosheit
verführt werden. Von diesen unzüchtigen Frauen hatte ich auch
für nichts anderes bezahlt. Ich bin jetzt ungeheuer heilig und grausam,
ängstlich. Oh, das war ein plagender Schlag, angeklagt mit Rache.

Siphax *tritt auf , geht leise über die Bühne und geht hinein.*

Wäre ich wohl zu Hause? Das Beste ist, es ist noch nicht Tag:
Wer ist das? Ha? *Siphax !* Ich werde bald bei Ihnen sein, Sir;
Ihr werdet verkündet werden , das garantiere ich euch,
und ebenso wie ich auch gedonnert werden ; Ihre Lordschaft

Memnon, Eumenes, Stremon *und zwei mit Fackeln treten auf .*

Muss unbedingt die Prinzessin genießen, ja: ha! Fackeln?
Und *Memnon* kommt hierher? Er ist hundsverrückt,
und wenn ihm zehn zu eins so erscheint, macht er mir Sorgen, ich muss an
ihm vorbeigehen.

*Eum* . Herr?

*Mem.* Stellen Sie mir keine weiteren Fragen; Was bist du?
Wie starrst du! Abstand halten ; Nein, sieh mich an,
ich zittere nicht und fürchte dich nicht – [ *Zieht sein Schwert.*

*Chi.* Er wird mich töten.
Das ist für die Arbeit der Kirche.

*Mem.* Warum erscheinst du jetzt?
Du wurdest fair getötet: Ich kenne dich, *Diokles* ,
und kenne deinen Neid auf meine Ehre : aber –

*Chi.* Bleib *Memnon* ,
ich bin ein Geist, und du kannst mir nichts tun.

*Eum* . Das ist die Stimme von *Chilax* .

*Strem* . Was macht ihn so?

*Chi.* Es ist wahr, dass ich auf dem Feld erschlagen wurde, aber auf
schändliche Weise,
durch Massen, nicht durch Menschen. Deshalb merke mich,
ich erscheine erneut, um meine Ehre aufzugeben ,
und auf dich allein.

*Mem.* Ich nehme die Herausforderung an.
Wo?

*Chi.* An den Stygischen Ufern.

*Mem.* Wann?

*Chi.* In vier Tagen.

*Mem.* Geh, edler Geist, ich werde teilnehmen.

*Chi.* Ich danke dir.

*Stre* . Sie haben Ihre Kehle gerettet , und zwar gutaussehend :
Lebe wohl , Sir. [ *Verlassen* Chilax .

*Mem.* Sing mir die Schlachten von *Pelusium* ,
in denen dieser Würdige starb.

*Eum* . Das wird alles verderben und ihn schlimmer machen,
als er war: Setzen Sie sich, Herr,
und gönnen Sie sich Ruhe.

## LIED.

*Arm, Arm, Arm, Arm, die Pfadfinder sind alle hereingekommen.*
*Halten Sie Ihre Reihen geschlossen, und jetzt gewinnen Ihre*
*Ehren . Siehe, von dort drüben erscheint der Feind mit*
*Bögen, Schwertern, Schwertern , Pfeilen, Schilden und Speeren.*
*Wie ein dunkler Wald kommt er oder ein strömender Sturm;*
*O sieh dir die Flügel des Pferdes an, die Wiesen grinsen ,*
*Die Vorhut marschiert tapfer, horch, die Trommeln – Dub, Dub.*
*Sie treffen sich, sie treffen sich, und jetzt kommt der Kampf:*
*Sehen Sie, wie die Pfeile fliegen,*
*Die ganz Skye verdunkeln;*
*Hören Sie, wie die Posaunen klingen,*
*hören Sie, wie die Hügel sich erholen. –Tara, Tara , Tara .*
*Hören Sie, wie die Pferde angreifen: in Boys, Boys in – tara , tara .*
*Der Battel gerät ins Wanken; jetzt beginnen die Wunden;*
*O wie sie weinen,*
*oh wie sie sterben !*
*Platz für den tapferen* Memnon *Mit Donner*
*bewaffnet , Sieh, wie er die Reihen auseinanderbricht:*
*Sie fliegen , sie fliegen ,* Eumenes *hat die Chace,*
*und der tapfere* Polybius *macht seinen Platz gut.*
*Zu den Ebenen, zu den Wäldern,*
*zu den Felsen, zu den Überschwemmungen,*
*sie fliegen um Hilfe :*
*Folge, folge, folge,* Hey, hey. Hören Sie
*, wie die Souldiers tot sind. Der tapfere*
Diokles *ist tot,*
*und alle seine Souldiers sind geflohen,*
*die Schlacht hat gewonnen und verloren,*
*was viele Leben gekostet hat.*

*Mem.* Nun vorwärts zum Tempel. [ *Ausgehen.*

*Eingeben* Chilax .

*Chi.* Seid ihr weg?
Wie bin ich heute Morgen entkommen ! durch welches Wunder!
Sicher bin ich für ein mutiges Ende bestimmt .

Cloe *tritt auf* .

*Clo* . Wie ist das?

*Chi.* Komm, es ist so gut wie möglich.

*Clo* . Aber ist es möglich,
dass das wahr sein sollte, sagst du mir?

*Chi.* Das ist ganz sicher.

*Clo* . So ein ekelhafter Arsch, die Prinzessin zu lieben?

*Chi.* Friede,
ziehe dein Gewand fest um dich: Du bist perfekt
in allem, was ich dir beigebracht habe?

*Cl* [ *o* ]. Sicher.

*Chi.* Die Götter schenken dir viel Glück.
Es ist seltsam, dass mein Gehirn immer noch gegen Schurken kämpft
wegen all dieser Gefahren, aber es sind notwendige Unfug, und das ist für
mich ein Wahnsinn. und ich muss sie machen .
Du wirst dich an mich erinnern –

*Clo* . Durch diesen Kuss, *Chilax* .

*Chi.* Nichts mehr davon, ich fürchte einen weiteren Donner.

*Clo* . Wir sind nicht der Tempel, Mann.

*Eingeben* Siphax .

*Chi.* Friede, hier kommt er.
Nun zu unserem Geschäft, gutaussehend ; jetzt weg. [ *Bsp*. Chilax *und* Cloe.

*Si.* Das war sicher die Prinzessin, denn er kniete vor ihr nieder,
und sie schaute in alle Richtungen: Ich hoffe, das Orakel
hat mich glücklich gemacht; Ich hoffe, sie hat gesucht ,

*Betreten Sie* Chilax *und* Cloe *durch die andere Tür.*

Glück, ich werde dich so ehren , Liebe, so verehre ich dich.
Sie ist wieder da, schaut sich um , auch wieder:
„Es ist geschafft, ich weiß, es ist geschafft; Es ist *Chilax* bei ihr,
und ich werde von ihm erfahren; Wer ist er?

*Chi.* Sprich leise,
die Prinzessin vom Orakel.

*Si.* Sie sieht mich an,
beim Himmel, sie winkt mich.

*Chi.* Komm näher, sie würde dich haben.

*Si.* O königliche Dame. [ *Küsst ihre Hand.*

*Chi.* Sie möchte, dass Sie das lesen, denn sie ist
für eine solche Zeit zum Schweigen verpflichtet. Sie ist euch gegenüber
wunderbar gnädig.

*Si.* Der Himmel wird mich dankbar machen.

*Chi.* Sie möchte, dass du es liest. [ *Er liest.*

*Si. Siphax* , der Wille des Himmels hat mich auf dich geworfen,
um deine Frau zu sein, deren Willen gehorcht werden muss :
Benutze mich mit Ehre , ich werde dich innig lieben und dir
später deine
Werte begreiflich machen ; Führe mich zu einer geheimen Zeremonie,
damit unsere Herzen und unsere Liebe vereint werden und keine Sprache
gebrauchen, bis wir beide vor meinem

Bruder erscheinen, wo ich das Orakel zeigen werde, denn bis zu diesem
Zeitpunkt bin ich gebunden und darf nicht antworten.
*Si.* O glücklich, ich!

*Chi.* Du bist ein gemachter Mann.

*Si.* Aber *Chilax* ,
wo sind ihre Frauen?

*Chi.* Niemand außer Ihrer Gnadenschwester,
weil sie es noch vor der Welt geheim halten wollte, weiß von dieser
Angelegenheit.

*Si.* Ich werde dir danken, *Chilax* .
Du bist ein vorsichtiger Mann.

*Chi.* Euer Gnaden-Diener.

*Si.* Ich werde einen passenden Platz für dich finden.

*Chi.* Wenn du es nicht willst,
dann gibt es eine gute Dame, die dich nach vorn weist und dir dein
Vermögen wegnimmt. Kein Wort, Sir: Also, ich hoffe, Sie sind gefettet . [
*Bsp.* Si. *und* Cloe , *Manet* Chilax .

Stremon , *Narr und Junge treten auf* .

*Chi. Stremon* , Narr, *Picus* ,
wo hast du deinen Herrn gelassen?

*Strem* . Der Tempel , *Chilax* .

*Chi.* Warum seid ihr von ihm?

*Strem* . Der König ist mit ihm
und alle Herren.

*Chi.* Ist die Prinzessin nicht auch da?

*Strem* . Ja.
Und der seltsamste Coil unter ihnen ; Sie weint bitterlich: Der König fleht
und runzelt die Stirn, mein Herr, wie der Herbst seine Hoffnungen
haufenweise fallen lässt , der ganze Tempel
schwitzt vor dieser Qual.

*Chi.* Wo ist der junge *Polydore* ?

*Strem* . Wie man so schön sagte, plötzlich tot .

*Chi.* Tot?

*Strem* . Sicherlich,
aber im Ausland noch nicht bekannt.

*Chi.* Es gibt ein neues Problem.
Er war ein tapferer junger Mann; aber wir müssen alle färben.

*Strem* . Hat der General Sie heute Morgen nicht
wie eine große Hengstnonne empfangen?

*Chi.* Nicht mehr davon, Junge.

*Strem* . Du hattest aufgespürt .

*Chi.* Das ist alles eins, Narr;
Mein Meisternarr, der mir den Verstand beigebracht hat , zu
handeln . Was hat deine Weisheit getan? Wie haben Sie davon profitiert?
Raus mit deinem Audit: Komm, du bist nicht leer, lösche mein Auge mit
zwölf Pence? Schüttelst du? Was haltet ihr von diesem Schütteln? Hier ist
Witz, Coxcomb, Ha Jungs? Ha, meine feinen Schlingel, hier ist ein Ring. {
*Zieht eine Handtasche*
*heraus* .
Wie richtig sie gehen!

*Narr.* O lass mich die Vorderglocke läuten.

[ *Chi.* ] Und hier sind Klopfer, Chiqueens , goldene Schurken,
Witz, Witz, ihr Schurken.

*Narr.* Ich habe hier ein Gerstenkorn, *Chilax* .

*Chi.* Ich habe kein Gold, um es zu heilen, keinen Penny,
kein einziges Kreuz, Kavalier; wir sind langweilige Seelenmenschen ,
eklige, schwerfällige Kerle; um Lebensmittel kämpfen?

*Narr.* Ihr seid die Geister der Zeit.

*Chi.* Auf keinen Fall.

*Narr.* Der tapfere Feur .

*Chi.* Pfui, Pfui, nein.

*Narr.* Bleiben Sie bei mir, Sir.

*Chi.* Ich würde , ich könnte , Sir.

*Narr.* Ich werde dich zufriedenstellen .

*Chi.* Aber ich werde dich nicht zufriedenstellen; Ach, armer Junge,
du zeigst eine ehrliche Natur, weinst um deinen Meister,
da ist ein roter Schurke, der dir Taschentücher kauft.

*Narr.* Er war ein ehrlicher Gentleman, ich habe auch verloren.

*Chi.* Du hast tatsächlich deine Arbeit , Narr; aber *Stremon* :
Willst du auch Geld? kein Vertue Living?
Kein Hantieren mit den Fingerspitzen?

*Strem .* Es scheint so.

*Chi.* Wollt ihr mir alle dienen?

*Strem .* Ja, wenn Sie Lord General sind,
werde ich nicht für weniger gehen.

*Chi.* Dann gibt es Gold für dich,
du hast einen Souldiers- Geist. Narr —

*Narr.* Hier, Ihr erster Mann.

*Chi.* Ich gebe dir für deinen Witz, denn das ist ein feiner Witz,
ein zierlicher, tauchender Witz, warte, nur nichts, geh in den Commons
weiden, doch ich bin barmherzig —
Es gibt sechs Pence: Kaufe eine Untertasse, stehle eine alter Gewand, und
bittet im Tempel um einen Propheten, kommt weg, Jungs,
lasst uns sehen, wie die Dinge getragen werden, Narr, herauf, Sirrah,
vielleicht bekommt ihr vielleicht ein Abendessen: Junge, eure Vorliebe
werde ich übernehmen, um eurer tapferen Meister willen ,Du wirst nicht
umkommen.

*Narr. Chilax .*

*Chi.* Mach es mir gut, Narr.
Und ihr sollt meine Pfeifen anzünden: Weg zum Tempel. Aber bleibt, der
König ist hier, Sport um Sport, Jungs.

König, *Lords,* Siphax *kniend,* Cloe *mit Schleier treten auf.*

*König.* Was hätten Sie, Captain?
Sprich plötzlich, denn ich bin ein wunderbarer Busie .

*Si.* Eine Verzeihung, königlicher Herr.

*König.* Wofür?

*Si.* Denn das
, was der Wille des Himmels war, sollte nicht mein allein sein, Herr; meine
Heirat mit dieser Dame.

*König.* Es bedarf keiner Vergebung,
denn die Ehe ist keine Sünde.

*Si.* Nicht an sich , Sir;
Aber indem ich zu viel annehme: Doch der Himmel weiß es, das Orakel
auch, das es auf mich geworfen hat, und – die Prinzessin, königlicher Herr.

*König.* Welche Prinzessin?

*Si.* O sei nicht böse, mein schrecklicher König, deine Schwester .

*König.* Meine Schwester; Sie ist der Tempel , Mann.

*Si.* Sie ist hier, Sir.

*Herr.* Der Kapitän ist wütend, sie kniet am Altar.

*König.* Ich weiß, dass sie es ist; Von ganzem Herzen, guter Kapitän,
ich verzeihe Ihnen beiden: Seien Sie unverwüstlich , Lady. [ *Legt ihren Schleier
ab.*
Wirst du mehr Vergebung erfahren? Die Hektik des Mannes .
Kommen Sie, wir bringen sie heraus: Gott schenke Ihnen Freude, Sir.

*Si.* Wie, *Cloe* ? meine alte *Cloe* ? [ *Bsp. König, Lords.*

*Clo* . Sogar das Gleiche, Sir.

*Chi.* Götter geben deiner Männlichkeit viel Inhalt.

*Strem* . Die Prinzessin
sieht etwas muffig aus, seit sie vorbeigekommen ist.

*Narr.* „Es wäre gut, dass du sie streicheln würdest.“

*Si.* Narren und Fidler
machen sich auch über meinen Missbrauch lustig?

*Narr.* Es liegt in der Natur
von uns Narren, mutig miteinander umzugehen, aber Sie sind weise, mutige
Herren.

*Chi.* Ermutigen Sie Ihre Prinzessin.
Glauben Sie es, Sir, der König wird nicht böse sein, oder sagen, er wäre es
gewesen; Warum, es war das Orakel. Das Orakel, und nicht wie deine
Gnade, das Orakel.

*Strem* . Und wer, der mächtigste *Siphax* ?

*Siph* . Mit meiner eigenen Hure.

*Cloe.* Mit wem sonst solltet ihr heiraten, sagt euer Gewissen,
werdet ihr das Gesetz der Waffen übertreten, das den Souldier immer mit
seinen eigenen Sünden belohnt?

*Siph* . Teufel.

*Cloe.* Du hattest mein jungfräuliches Haupt, meine Jugend, meine Süße. Ist
das
dann

nicht Gerechtigkeit ? – *Siph* . Ich sehe, dass es so sein muss,
aber mit dieser Hand werde ich ein Schloss an dich hängen.

*Cloe.* Du wirst es nicht brauchen, meine Ehrlichkeit wird es tun .

*Siph* . Wenn es auf der Welt Kriege gäbe –

*Cloe.* Ich bleibe bei euch, denn ihr wisst, dass ich ein
Souldier gewesen bin .
Komm, verfluche dich, wenn ich ein weiteres Orakel brauche.

*Chi.* Schickt für mich *Siphax* , ich werde euch mit einer Prinzessin
ausstatten,
und so zu euren beiden Ehren .

*Narr.* Und deine Gnaden.

*Siph* . Der Teufel gönnt euch allen.

*Cloe.* Gott sei gnädig, *Chilax* .

*Chi.* Sollen wir jetzt eine halbe Stunde lachen?

*Strem* . Nein , der König kommt
und der ganze Zug.

*Chi.* Dann ist unsere Tat zu Ende. [ *Ausgehen.*

*King* , Calis , Memnon *und treten auf* Cleanthe , *Lords* .

*König.* Du weißt, dass er dich verdient und dich sehr liebt.
Du weißt, was für eine verdammte Gewalt uns angetan hat { *Der
Leichenwagen
ist bereit, Polydor,
Eumenes
und Kapitäne.*
Auf sich selbst, aber dass sein Bruder es
nicht tut , weißt du, dass die gleichen Gedanken immer noch in ihm
wohnen und begehren, geboren zu werden: Schau auf ihn, meine Dame, die
Kriege haben ihn bisher noch nicht
verzehrt , das kalte Alter hat ihn außer Gefecht gesetzt, oder die Krankheit
hat ihn versenkt Sei verabscheut : Schau auf seine Ehrenschwester ,
die keinen Stempel der Zeit trägt, keine Falten darauf,
kein trauriger Untergang, kein Tod kann sie erreichen: Schau mit den
Augen des Himmels, der in der Nacht erwacht, um die Wunder des
Herrlichen zu sehen Schöpfer,
und nicht die Schwäche: Schauen Sie mit Ihren schwindelerregenden
Augen,
und dann in königlichem Gewand bei all seinen Eroberungen,
Seine unvergleichliche Liebe hängt von tausend Verdiensten, Ewige Jugend
begleitet, Ruhm und Reichtum, Zeit und Vergessenheit, die über seine
Tugenden ärgern ,
Er wird erscheinen ein Wunder: Schau auf unsere Gefahren, Schau auf die
öffentliche Ruine.

*Calis* . O, lieber Bruder.

*König.* Pfui, lasst uns nicht stolze und gierige Wasser mögen, die
wieder ausströmen: Dies ist unser Meer, und du, seine *Cynthia* , regiere ihn,
pass auf dich auf,
seine Fluten waren so hoch und voll wie alle anderen,
und nun ist sie herrlich aufgestanden zum Gürtel: Die Königreiche , die er
gekauft hat ; Edle Schwester,

nimm deine Tugend nicht von ihm, o pass auf dich auf.
Wir verebben jetzt nicht ins Nichts, pass auf dich auf, *Calis* .

*Calis* . Der Wille des Himmels ist nicht mein Wille, der sich nicht ändern
darf,
und mein ewiges Schicksal, denn sollte ich es wissen, liegt auf mir; Leider
darf ich nichts lieben,
nichts, was noch einmal liebt, muss mir gesegnet sein: Der sanfte Weinstock
klettert den Oke hinauf und streift ihn,
und wenn der Schlag kommt, fallen sie doch zusammen; Tod, Tod muss ich
genießen und leben, um zu lieben ihn, oh edler Herr!

*Mem.* Diese Tränen sind doch eine Art
Belohnung . Bitte lass mich deine Sorgen vermählen.

*Calis* . Nimm sie Souldier ,
sie sind fruchtbar , seufze nur auf sie ,
und sie werden bis ins Unendliche schwanger werden. Ich habe euch gesagt,
was ihr finden würdet .

*Betreten:* Beerdigung , *Kapitäne folgen und* Eumenes.

*König.* Wie nun, was ist das? Noch mehr Tropfen ins Meer ?
Wessen Körper ist das?

*Eum .* Der edle *Polydor* ,
Das spricht von seinem Tod.

*Mem.* Mein Bruder ist tot?

*Calis* . Oh Göttin!
Oh grausame, grausame *Venus* , hier ist mein Glück.

*König.* Lesen Sie Kapitän.

*Mem.* Lesen Sie laut vor: Lebe wohl, meine Torheiten.
[ Eumen . *liest der ausgezeichneten Prinzessin vor* Calis .

*Eum .* Sei weise, denn du bist schön, liebe mit Urteilsvermögen,
und schaue mit klaren Augen auf meinen edlen Bruder, wertgeschätzt und
tugendhaft , sie sind Juwelen,
passend für deinen Wert und dein Tragen: Pass auf dich auf, meine Dame,
die Götter belohnen die Undankbarkeit am schmerzlichsten; erinnere dich
Mich nicht mehr, oder wenn du musst, suche mich in edler *Memnons* Liebe,

ich wohne dort:
Ich wagte nicht zu leben, weil ich es nicht wagte, ihm Unrecht zu tun, ich
kann mich nicht mehr ewig glücklich machen, indem ich auf deine Lieben
herabschaue. *Abschied*.

*Mem.* Und bist du für mich gestorben?

*König.* Ausgezeichnete Vertue !
Was werdet ihr jetzt tun?

*Calis*. Verweilen Sie für immer hier, Herr.

*Mem.* Für mich lieber *Polydor*? O würdiger junger Mann!
O Liebe, Liebe, Liebe, Liebe über allen Vergeltung! Unendliche Liebe,
unendliche Ehrlichkeit! Gute Dame, geh, du darfst hier keinen Anteil
haben, Nimm deine Sorgen mit nach Hause: Hier ist genug, um mich
aufzubewahren, Trotze herrlichem Kummer! War jemals so ein Bruder?
Drehen Sie alle Geschichten der Welt um und durchsuchen Sie alle
Erinnerungen der Menschheit, und finden Sie mich als einen solchen
Freund. Er hat alles übertroffen,
übertrifft sie um Längen, alles, alles, du hast *Polydor*,
um für mich zu sterben; Warum, während ich auf Glück hoffe,
„Es war einer der seltensten Gedanken über Dinge,
der mutigste und über den Rahmen unserer Taten hinausgegangen, ich
frage mich, wie er es geschafft hat, auch ein junger Mann, in all den Blüten
seiner Jugend und Schönheit .“,
In der ganzen Fülle seiner Adern und Wünsche,
umworben von diesem Paradies, das den Himmel einfangen würde;
Es erschreckt mich zutiefst , du gesegnete Asche,
du treues Denkmal, wo Liebe und Freundschaft,
solange die Welt ist, neue Wunder wirken werden.

*Calis*. Ö! lass mich auch sprechen.

*Mem.* Nein noch nicht; Du Mensch,
(Denn wir sind nur die Schatten des Menschen ), nur Mensch,
ich habe keine Worte, um ihn auszudrücken; Sprechen Sie, Lady,
ich werde eine Weile nachdenken.

*Calis*. Die Göttin gewährt mir dies noch,
ich werde mich an den Toten erfreuen: Kein Grab wird dich halten, aber
diese beiden Arme, keine Tricks außer meinen Tränen
. Über deinem Leichenwagen werden meine Sorgen wie traurige Arme für

immer hängen : auf dem tuffesten Marmor
werden meine Augen dich weinen ein Epitaph: Die Liebe soll zu deinen
Füßen knien, sein eleganter Bogen zerbrochen; Glaube an deinem Haupt,
Jugend und die trauernden Gnaden; O süßer junger Mann!

*König.* Jetzt fange auch ich an zu schmelzen.

*Mem.* Habt Ihr schon genug, Lady? Platz für einen Spieler.
Zu meiner zärtlichen Liebe und all diesen müßigen Fantasien. Ein langer
Abschied , du bist für mich gestorben , lieber *Polydor* .
Um mir Frieden zu geben, hast du ewige Herrlichkeit, ich bleibe und rede
hier; Ich werde dich zuerst küssen, und jetzt werde ich dir folgen. [ *Polydor
erhebt sich.*

*Pol.* Warte, um Himmels willen!

*Mem.* Ha!
Lebt er? Täuschst du mich?

*Pol.* Bisher,
aber zu Ihrem Wohl und Ihrer Ehre .

*König.* Nun, liebe Schwester.

*Calis* . Das Orakel ist zu Ende, edler Herr,
entsorgen Sie mich jetzt nach Belieben.

*Pol.* Dann gehörst du mir?

*Calis* . Mit all den Freuden , die es geben mag.

*Pol.* Ihr Einverständnis, Sir?

*König.* Ihr habt es frei.

*Pol.* Dann geh mit mir,
und wenn du mich liebst, liebst du auch meinen Willen.

*Calis* . Das werde ich tun.

*Pol.* Hier, würdiger Bruder, nimm diese treue Prinzessin.
Du hast sie edel verdient , sie wird dich lieben,
und wenn mein Leben dir Frieden bringen wird, so wie sie es tut, dann

befiehl es, dann wirst du es haben.

*Mem.* Sir, ich danke Ihnen.

*König.* So viel Gutes habe ich in solchen Jahren noch nie erlebt.

*Mem.* Du sollst mich nicht überfordern, auch wenn ich dafür sterbe . O wie
ich deine Güte liebe, mein bester Bruder. Du hast mir hier einen Schatz
gegeben, um mich zu bereichern. Du würdest den würdigsten lebenden
König zum
Bettler machen .
Was kann ich geben? Bist du wieder zurück?

*Pol.* Ihr Lieber, Sir.

*Mem.* Und du sollst es haben, selbst meine liebste Liebe,
meine erste, meine edelste Liebe, nimm sie wieder, mein Herr, sie gehört
dir, deine Ehrlichkeit hat mich überwältigt,
sie liebt dich, verliere sie nicht: ausgezeichnete Prinzessin,
erfreue deinen Wunsch , und jetzt hol dir Generäle.

*Pol.* So wie Sie den Himmel lieben, lieben Sie ihn, er gehört nur Ihnen,
Herr.

*Mem.* So wie ihr den Himmel liebt, liebt ihn, er gehört nur euch, Herr;
Mein Herr, der König.

*Pol.* Er wird sich selbst zerstören , Herr,
und muss ohne sie sterben; Wer soll dann kämpfen? Wer soll dein
Königreich beschützen?

*Mem.* Gib mir Gehör,
und danach, Glaube, war sie meine Seele (so wie ich sie liebe), alle meine
Siege und alle lebenden Namen, die ich durch den Krieg gewonnen habe,
und ihn
so gut zu lieben, diesen schwindelerregenden guten Mann,
Der einzige, der des Namens Bruder würdig ist, würde ich freiwillig auf alles
verzichten, es ist alles Liebe für mich, alle Hochzeitsriten, die Freude oder
Probleme, ihn fruchtbar zu kennen , das war so treu .

*König.* Das ist der edelste Unterschied; Treffen Sie Ihre Wahl, Schwester.

*Calis .* Ich sehe, dass sie beide so mutig und edel sind, dass ich nicht weiß, wen ich anschauen soll.

*Pol.* Wählt diskret,
und die Tugend leitet euch, da die ganze Welt in einem Mann
am Ziel steht.

*Mem.* Da sind alle Männer Ehrlichkeit ,
Die Süße aller Jugend –

*Cal.* O Gott!

*Mem.* Meine Rüstung ,
bei allen Göttern, sie gehört dir; Meine Arme, sage ich, und ich flehe deine
Gnade an, gib mir Einsatz ,
das soll jetzt meine Herrin sein, dort meine Werbung.

*König.* Ihr sollt alles haben .

*Mem.* Vertuous Lady,
Erinnere dich jetzt an mich, deine Dienerin; Junger Mann, du kannst mich
in deiner Güte nicht übertreffen;
O Liebe! Wie süß siehst du jetzt aus! und wie sanft!
Ich hätte dich sabbern lassen und deine Schönheit
beflecken sollen ; Ihre Hand, Ihre Hand, Herr!

*König.* Nimm sie und der Himmel segne sie.

*Mem.* Also.

*Pol.* Es ist Ihr Wille, Sir, nichts von meinem Verdienst;
Und als Ihr königliches Geschenk nehme ich diesen Segen.

*Kal.* Und ich vom Himmel, dieser Herr: Danke, Göttin.

*Mem.* Seid Ihr jetzt also zufrieden, Lady?

*Calis .* Jetzt oder nie.

*Mem.* Mein kalter Steif Carkass hätte euch eingefroren,
Kriege, Kriege.

*König.* Ihr werdet Kriege führen.

*Mem.* Meinen nächsten mutigen Kampf
widme ich deiner strahlenden Ehre , Schwester.
Gib mir einen Gefallen , damit die Welt weiß,
dass ich dein Seelenverwandter bin .

*Calis* . Dies und alle schönen Schicksale.

*Mem.* Und wer dies von mir erträgt, muss kühn zuschlagen. [ Reinigen
*kniend* .

*Calis* . Ich verzeihe dir: sei ehrlich; keine Dirne mehr.

*König.* Kommen Sie nun zu Revels, dieser gesegnete Tag wird sich als
die glückliche Krone des edlen Glaubens und der Liebe erweisen. [
*Ausgehen.*

---

# Prolog.

*Es ist unmöglich, allen zu gefallen, und zu verzweifeln,*
*ruiniert uns selbst und dämpft die Sorge des Schriftstellers:*
*Hätten wir gewusst, was wir tun oder sagen sollen, oder wann?*
*Um zu finden, dass die Geister hier mit den Männern gleich sind:*
*Aber wir müssen es wagen; Jetzt gehen wir zur See .*
*Sei glücklich mit uns, gib uns Raum und blase;*
*Denken Sie daran, dass Sie alle Abenteurer sind. und in diesem Stück*
*Wie viele Zwölfstücke habt ihr an diesem Tag*
*verstaut : Denkt daran, dass eure Freude zurückkehrt.*
*Wir starten und pflügen durch Stürme der Angst und des Gewitters :*
*Gib uns deine Vorderwinde fair, fülle unsere Flügel,*
*Und lenke uns richtig, und während der Saylor*
*auf mutwilliger See „Beladen mit Reichtum" singt, werden wir*
*fröhlich unsere Heimreise antreten ;*
*Und Sie, unsere edlen Kaufleute, für Ihren Schatz.*
*Teilen Sie gleichermaßen die Belastung, wir rennen zum Vergnügen.*

---

# Epilog.

*Hier besteht jetzt der Zweifel: Lasst unsere Spiele gut sein,*
*Unsere eigene Sorge segelt gleichberechtigt in dieser Flut;*
*Unsere Vorbereitungen sind neu, unsere Kleidung ist neu,*
*doch hier sind wir immer noch beruhigt, immer noch im Sumpf,*
*hier bleiben wir fest; Gibt es keine Möglichkeit,*
*diesen Abschnitt von Ihrem Urteil zu befreien, und unsere Befürchtung, dass es*
*keine Milderung dieses Gesetzes gibt? Tapfere Freunde,*
*bedenkt, dass wir euch gehören, für eure Zwecke geschaffen,*
*und jedes Ding behält sich selbst , jedes wird*
*, wenn es nicht pervers und krumm ist, immer noch*
*das Beste von dem, was es sich wagt: kümmere*
*dich um deine Freuden willen Was wir sind, und*
*ruiniere nicht alles, du magst immer noch die Stirn runzeln,*
*aber es ist der edlere Weg, den Willen zu überprüfen.*

---

# ANHANG.



*nicht* die Ersetzung von Ausrufezeichen durch Fragezeichen und *umgekehrt* . Am Ende der Reden wurden stillschweigend Punkte eingefügt und jeder neue Redner erhielt die Würde einer neuen Zeile: Im zweispaltigen Folio werden die Reden häufig weitergeführt. Es sind nur interessante Druckfehler im Quartos und im ersten Folio verzeichnet.